Norberto Peixoto

Obra mediúnica inspirada por Pai Tomé, um Swami na Umbanda

O povo do Oriente na Umbanda
Estrela Guia

2ª edição / Porto Alegre-RS / 2021

Capa e projeto gráfico: Marco Cena
Revisão: Gaia Revisão Textual
Produção editorial: Bruna Dali e Maitê Cena
Assessoramento gráfico: André Luis Alt

Dados Internacionais de Catalogação na Publicação (CIP)

P379e   Peixoto, Norberto
         Estrela guia : o povo do oriente na Umbanda. / Norberto Peixoto. – 2ª ed.
   – Porto Alegre: BesouroBox, 2021.
         160 p. ; 16 x 23 cm

         ISBN: 978-65-990353-5-7
         Obra mediúnica inspirada por Pai Tomé, um *swami* na Umbanda

         1. Religião. 2. Umbanda. 3. Espiritismo. 4. Espíritos orientais. I. Título.

CDU 299.6

Bibliotecária responsável Kátia Rosi Possobon CRB10/1782

Direitos de Publicação: © 2021 Edições BesouroBox Ltda.
Copyright © Norberto Peixoto, 2021.

Todos os direitos desta edição reservados à
Edições BesouroBox Ltda.
Rua Brito Peixoto, 224 - CEP: 91030-400
Passo D'Areia - Porto Alegre - RS
Fone: (51) 3337.5620
www.legiaopublicacoes.com.br

Impresso no Brasil
Setembro de 2021.

Sumário

O Jesus oriental 7
Quem é Pai Tomé? 11
Bem-vindo à Casa da Estrela Guia do Oriente 13

Parte 1
Almas condicionadas nos renascimentos sucessivos 15
O lado oculto da vida 17
Por que os seres humanos sofrem? 29
A consciência após a morte física 37
As projeções mentais e a formação
dos bolsões de Espíritos sofredores no Plano Astral inferior 45
Experiências fora do corpo físico 65
Um passeio no umbral inferior 79
Orixá ancestral – purusha: a porção divina da alma 89

Parte 2
Ação dos Espíritos orientais na Umbanda 99
Motivos das reencarnações no Brasil 101
O trabalho profundo de autocura 111
Mediunidade – uma abordagem preventiva de doenças 121
A desobsessão com Ogum do Oriente 133
O despertamento após a morte física 145

Pai Tomé é um swami. Esse termo provém do sânscrito e significa: "aquele que sabe e domina a si mesmo" ou "livre dos sentidos". O título indica o conhecimento e domínio da Yoga, a ciência de união com Deus. Liberto da roda de reencarnações, por amor propõe-se auxiliar os irmãos que ainda estão aprisionados ao ciclo de renascimentos em corpos físicos.

O Jesus oriental

"E tendo nascido Jesus em Belém de Judeia, no tempo do rei Herodes, eis que uns magos vieram do Oriente a Jerusalém, dizendo: 'Onde está aquele que é nascido rei dos judeus? Porque vimos a sua estrela no Oriente, e viemos a adorá-lo'"(Mateus 2:1-2).

A adoração dos sábios tem um significado esotérico muito maior que o cristianismo eclesiástico ensina sobre o nascimento sagrado do menino Jesus. Sem dúvida, foi um advento que caracteriza a sua missão na Terra – um sinal de que ele nasceu no Oriente, um "Cristo oriental" que traria os ensinamentos universais da Religião Eterna, adaptados às consciências e à cultura judaica da época. Todavia, o programa sideral da vinda de Jesus contemplava que seu legado seria espalhado por todo o planeta, mesmo que não em sua pureza iniciática, isto é, do cristianismo primevo.

É sabido no Oriente que Jesus, durante os anos desconhecidos de sua vida, dos 14 aos 30 anos, peregrinou pela Índia, provavelmente trilhando a rota comercial consagrada na época, que unia o Mediterrâneo à China e à Índia. Na companhia dos mestres e no ambiente espiritual da antiga Índia, propiciaram-se as experiências místicas necessárias para que o potencial espiritual do enviado divino, avatar, encarnado no Jesus humano, aflorasse em sintonia com o Cristo Cósmico.

O contato com a ciência iogue ensinada pelo Senhor Krishna aos sábios e transmitida, ao longo das gerações, de mestre a discípulo, ciência esta que apresenta métodos práticos para a autêntica experiência interior de união com Deus, é a mesma e única verdade universal, ensinada por estes dois Cristos: Jesus (no Ocidente) e Krishna (no Oriente). Há somente variações externas em conformidade com as circunstâncias das respectivas encarnações desses dois avatares – enviados divinos, plenamente autorrealizados na *yoga*, que é a união com Deus.

O sentido esotérico profundo da Estrela do Oriente que guiou os sábios magos até o local de nascimento de Jesus é metafísico. Esses sábios eram videntes e, por meio da "Estrela do Oriente" brilhante em suas testas, no chacra frontal, foram guiados pela luz plenamente reveladora do olho espiritual – a percepção divina despertada no corpo, entre os dois olhos físicos. Assim, o olho espiritual é a verdadeira "Estrela do Oriente". Jesus disse: "de sorte que, se teu olho for único, todo o teu corpo terá luz" (Mateus 6-22).

Nas escrituras hindus, a testa do homem é denominada a parte "oriental" do corpo. Os pontos da Terra que direcionam a bússola derivam dos polos magnéticos Norte e Sul de sua rotação, sobre o seu eixo, que faz com que o Sol surja no Oriente e se ponha no Ocidente. Similarmente, a fisiologia energética oculta do ser humano refere-se, de forma simbólica, ao Norte, Sul, Leste e Oeste em relação ao corpo físico. A Estrela do Oriente, desse modo, simboliza o olho espiritual aberto na testa, o pequeno sol iluminando o microcosmo do homem, o portal que abre o acesso para o macrocósmico Reino de Deus, existente no interior de cada cidadão.

Os ensinamentos dos sábios do Oriente são universais, não se prendem a uma religião específica, assim como os ensinamentos transcendentais de Jesus. Eles objetivam abrir o olho espiritual na testa de cada ser humano, mais cedo ou mais tarde. Semelhantemente a um quarto fechado por milênios que, de repente, entra a luz do Sol e destrói a escuridão no momento que a janela é aberta, as almas condicionadas encarnadas são dotadas de poderosos instrumentos de percepção metafísica que precisam se abrir, por meio do qual as opulências de Deus podem ser despertadas dentro de cada ser, pois eis que "o Reino de Deus está dentro de vós", disse o supremo iogue e mestre Jesus (Lucas 17, 21). No mesmo sentido, disse Krishna, outro supremo iogue e pai da ciência da yoga: "àquele que se encontra totalmente absorto em mim, dentro de si mesmo, me conhece e me alcança verdadeiramente" (Bhagavad Gita).

Pai Tomé também trabalha na Umbanda como um ancião e na vibração de Xangô, apresentando-se como um sábio pajé, ocasiões em que adota o nome de Caboclo Supremo da Montanha. Atua tanto nas sessões de Pretos Velhos como na Linha do Oriente.

Quem é Pai Tomé?

Amoroso Espírito, sábio e prudente, reside no Plano Astral num "*ashram*", uma casa branca encravada no alto de uma montanha, que tem a sua contrapartida terrena na Chapada dos Veadeiros, na região Centro-Oeste de nosso país. Esse local recebe entidades provindas do Oriente que vão reencarnar no Brasil, assim como ocidentais – sendo em sua maioria brasileiros – que reencarnarão no Oriente.

Pai Tomé é um *swami*. Esse termo provém do sânscrito e significa: "aquele que sabe e domina a si mesmo" ou "livre dos sentidos". O título indica o conhecimento e domínio da *yoga*, a ciência de união com Deus. Liberto da roda de reencarnações, por amor propõe-se a auxiliar os irmãos que ainda estão aprisionados ao ciclo de renascimentos em corpos físicos.

No seu *ashram* astral, chegam muitos Espíritos orientais que tiveram em sua última encarnação uma vida renunciada, de recolhimento e orações. Convictos que atingiram a perfeita união com Deus e a liberação de reencarnar neste planeta, paralisaram-se em si mesmos, sentiram-se superiores em sua devoção, contemplativos, negando a vida na matéria, numa rotina ritual de leitura das escrituras e adoração às deidades nos altares sem realizarem nenhuma obra altruísta para a humanidade. Em razão disso, terão que reencarnar no Brasil com a missão de serem médiuns na seara de Umbanda, convivendo com a diversidade e aprendendo o caminho devocional prático de auxílio aos semelhantes para chegar a Deus. Por enquanto, no Plano Astral, sob a supervisão de Pai Tomé, estagiam nos centros de Umbanda como operosos guias da Linha do Oriente.

Por outro lado, muitos Espíritos que tiveram suas recentes encarnações no Brasil, umbandistas ativos ou devotados afro-religiosos, reencarnarão no Oriente, para conviverem com a filosofia ióguica, que prega Deus dentro do ser, e não fora, não nos rituais externos. Estes condicionaram-se a trocar com as oferendas, obtendo benefícios pessoais e, ao mesmo tempo, paralisaram a mente nas liturgias para fora e não se esforçaram na busca de uma interioridade espiritual mais madura com Deus.

Esse amoroso mentor apresenta-se em corpo astral como um velho magro de baixa estatura, de "pele" na cor de cuia escura, sem camisa, somente com um manto branco sob o ombro direito que desce cobrindo sua cintura e suas pernas; apresenta-se sempre descalço com um cajado na mão direita, por vezes sentado em posição de lótus com o manto cobrindo-o da cabeça aos pés. Muito sereno e profundo conhecedor da realidade cósmica, na frente de seu *ashram* astral tem um lindo jardim com enormes pedras. Nesse local, entre as rochas, ele conversa com os médiuns que foram levados desdobrados, por meio do natural desprendimento do sono físico, para receberem as suas instruções. Todos ficam sentados lado a lado, formando um círculo, por vezes com uma fogueira ao meio.

Pai Tomé também trabalha na Umbanda como um ancião e na vibração de Xangô, apresentando-se como um sábio pajé, ocasiões em que adota o nome de Caboclo Supremo da Montanha. Atua tanto nas sessões de Pretos Velhos como na Linha do Oriente.

A construção da casa astral principal é pequena por fora, mas por dentro é imensurável, do tamanho necessário para atender a todos que ali "moram" até reencarnarem. Várias atividades de aprendizado são realizadas, ligadas às técnicas orientais do magnetismo curador, agora adaptadas para o exercício do mediunismo na Umbanda.

Bem-vindo à Casa
da Estrela Guia do Oriente

Esta obra direciona-se a todos aqueles que estão recebendo o chamado da mediunidade na Umbanda, independentemente de serem ou não frequentadores de seus terreiros. Não raras vezes, o médium está na mesa de um centro espírita e uma entidade afim com a Umbanda se apresenta. Noutras oportunidades, ocorre a manifestação na própria assistência do centro umbandista. Ainda acontece de o sujeito ter colocado o branco e na hora de assumir a tarefa fraquejar e amedrontar-se com a responsabilidade.

São muitos os desafios e amplos os obstáculos a serem vencidos. Uma "guerra" se estabelece no campo íntimo psíquico do médium. Até ele firmar-se com sua sensibilidade mediúnica, terá que vencer os seus "inimigos" internos, liderados pelo falso ego, que tudo fará para derrotá-lo no percurso, obstruindo a busca da expansão de sua consciência e espiritualidade.

Imagine médiuns novatos e mais experientes sentados formando uma roda juntamente com Pai Tomé, entre as pedras em frente ao seu *ashram*, uma casa branca astralina quase no cume de uma montanha, e acima no céu há uma enorme estrela, como nunca vista, a Estrela Guia do Oriente. Não é ficção, isso acontece de fato, rotineiramente, todos desdobrados e fora do corpo físico. As exposições do mestre são realizadas, e as perguntas são feitas pelos discípulos. Um diálogo revelador e profundo, de orientação ao reto agir, acontece com a sublime entidade.

As preleções realizadas e os questionamentos subsequentes estão registrados e organizados em capítulos por tópicos de interesse, nos quais são esclarecidos assuntos transcendentais palpitantes, nos incentivando a vencer essa "guerra" do nosso Eu Superior. Isso nos impulsiona a cumprirmos nosso propósito de vida contra as forças contrárias do ego inferior, que conspiram para que sejamos derrotados na senda do mediunismo na Umbanda e na liberação de nossa ignorância, mantendo-nos encarcerados no ciclo "interminável" de reencarnações sucessivas.

Preparemo-nos, pois estamos todos no campo de batalha entre dois exércitos que entrarão em combate, embora o Eu seja o melhor amigo do falso ego, este é o seu pior e mais ferrenho inimigo.

Seja bem-vindo à Casa da Montanha da Estrela Guia do Oriente!

PARTE I

Almas condicionadas nos renascimentos sucessivos

O lado oculto da vida

Existe uma árvore oculta dentro de cada ser humano. Suas raízes estão em cima, e os galhos, embaixo. A verdadeira natureza dessa árvore escapa ao entendimento dos homens ordinários. Os sábios, depois de cortá-la pela raiz com o machado do desapego, buscam refúgio unicamente na essência primeva do *purusha* (Orixá), e daí para o seu princípio divino e imortal: o Eu Superior, a Mônada ou Centelha. Essa árvore simboliza o Espírito imortal encarnado, a alma condicionada no ciclo de renascimentos sucessivos que se mantém retida em corpos físicos, que envelhecerão e, consequentemente, entrarão em fadiga até a morte.

Observe que o corpo humano tem a cabeça apoiada no tronco espinal. O cérebro é a caixa de ressonância da mente, que, por sua vez, sustenta a manifestação da consciência desperta, fruto da inteligência primaz acumulada no próprio Espírito. A interação dessas forças gera os contínuos pensamentos e uma cadeia de relâmpagos elétricos entre os neurônios, a raiz metafísica de interação da alma com o organismo.

Não por acaso, acima da cabeça localiza-se o "lótus de mil pétalas", o chacra coronário, a porta de comunicação da intuição com a procedência cósmica e transcendental do Espírito. Os galhos representam todas as ramificações do sistema nervoso no percurso para baixo do tronco, a partir da cabeça. Ao longo desses ramos nervosos estão as folhas, abundantes, sensíveis a qualquer estímulo sensorial externo de sons, sabores, cheiros e tato.

Por intermédio dos sentidos, o falso ego (a identidade da consciência com o corpo físico que leva o ser espiritual a crer que é a matéria) gera a fixação da mente com os objetos que dão prazer aos sentidos, nubla o discernimento, assim como um espelho sujo não reflete a luz. Essa falsa visão da realidade vicia a mente nos gozos sensórios, robustecendo os desejos, e dispara o gatilho psíquico gerador das ansiedades, dos gostos e desgostos, dos apegos e das aversões tão comuns na existência materialista. Vencer a escravidão da mente aos sentidos físicos corporais é tarefa intransponível para aqueles que cobiçam as honrarias humanas.

Inevitavelmente, o indivíduo que vibra no modo da ignorância e das paixões vê-se comprimido por pares de opostos: prazer e sofrimento, felicidade e tristeza, sucesso e fracasso, até o inevitável exaurimento corpóreo. Dessa forma, sua estada terrena se torna dolorosa, um poço escuro de ilusão, e o tempo corrói suas células até que, finalmente, sem o viço de outrora, o corpo físico sucumbe à falência total.

Todavia, para aqueles que são médiuns e se propõem ao intercâmbio com os abnegados guias espirituais, urge o esforço para angariarem em si um mínimo de consciência transcendental. O momento da morte é o mais importante para todo o nascido em um corpo físico, pois é nele que a não identificação da mente com os objetos dos sentidos definirá o padrão vibratório final do perispírito e, consequentemente, como a consciência se deslocará para o Plano Astral.[1]

---

1 Para um maior aprofundamento sobre o tema da inadaptação do desencarnado no Plano Astral, leia a obra *No reino de Exu – a retificação do destino*, pelo selo Legião Publicações.

O indivíduo que funde a sua consciência com o corpo físico transitório continuará utilizando os sentidos da visão, audição, do olfato, tato e paladar no Plano Astral. Contudo, sem o corpo físico, sofre atrozmente e assim, como um astro inerte no Espaço Sideral que não reflete luz, vagueia na Terra à procura de se "encostar" nas humanas criaturas e auferir sensações corpóreas.

A consciência do desencarnado é escrava das armadilhas da mente sensória, e esta, por sua vez, é serva submissa do falso ego. Sem a energia vital densa que é retida na base da medula espinal do homem materialista, que exaure os seus chacras inferiores, o desencarnado imediatamente imanta-se a um encarnado, vorazmente ansiando pelos prazeres e gozos corpóreos. Esse é o perfil mais abrangente de Espíritos que acompanham os consulentes nas sessões públicas de Umbanda, onde os médiuns trabalham.

Enquanto a criatura humana não despertar para a transcendência, ampliando a real percepção de si para além da mera e fugaz existência corpórea, sofrerá os tormentos mais nefastos quando estiver nos estados intermediários da consciência, entre a morte física e o próximo renascimento.

Raros conseguem reencarnar sem a intercessão misericordiosa dos mestres espirituais, que, por amor, atuam no Plano Astral. Raríssimos se liberam e não mais renascerão. Tais almas seriam como capins secos levados pela correnteza de um rio revolto, "eternizadas" na matemática exata dos efeitos perversos que elas mesmas foram causas, pela grande ilusão de não serem o que realmente são numa fugaz existência humana corpórea.

A misericórdia divina intercede a favor de tantos renascimentos quantos forem necessários a essas almas aflitas. Afinal, cada planeta no cosmo é um átomo no infinito "corpo de Deus", que não é só a exatidão da aplicação da lei de ação e reação, mas também – principalmente nas esferas inferiores, como as que a humanidade habita – o amor que ampara e socorre os filhos afogados no oceano da materialidade instintiva e sensória.

Pai Tomé  responde

Se a conexão com o Orixá é interna, quais os motivos dos ritos de iniciação?

Os ritos de iniciação são uma escora psíquica para que o iniciando se volte para dentro dele. A presença e a palavra de transmissão de um genuíno mestre espiritual, pertencente a uma linhagem de sucessão discipular de fato e de direito, são a real valia do ritual.

Nunca se teve tantos "mestres" autoiniciados como nesta era atual. A tecnologia banaliza a presença nos templos, e a busca da espiritualidade se acomoda no individualismo. O falso iniciando sozinho e conectado com o virtual recebe a informação, mas não há formação. Esta se dá somente com a genuína iniciação, de mestre a discípulo, frente a frente, olho no olho, de boca a orelha – o verbo escutado com a força do "hálito" divino que se faz palavra falada pelo iniciador.

Ao ter os sentidos ocupados durante a vivência ritual – com o cheiro das ervas, o toque ritmado dos tambores, a voz melodiosa que exalta cantigas e mantras, a visão dos elementos ofertados e todo o ambiente preenchido de amor que exalta o coração –, a mente do devoto e médium umbandista desliga-se das sensações ordinárias e facilita a sintonia com a divindade interior. Devemos compreender que somos Deus, pois Deus está em nós, só que a maioria das pessoas não tem essa consciência ou teme uma relação direta e pessoal com Deus. Embora Deus seja indivisível, sua potência preenche tudo, e suas opulências tudo animam. Entretanto, a entidade viva encarnada esquece-se de sua eterna união com Deus.

O ritual é uma ponte que liga duas margens de um rio, mas cabe somente ao indivíduo avançar para o outro lado, do material para o imaterial, transcendendo a noção da mera e finita existência corpórea. Do outro lado da ponte, se encontra o acesso ao inconsciente profundo, a reconexão da alma com sua memória atemporal, e assim ao acesso à verdade do que é, ou seja, Espírito imortal e centelha refulgente do amor.

Nas sessões de Umbanda, por que temos que ter os sentidos ocupados por meio dos ritos?

Nesta atual era de extremo materialismo, a mente é tão rebelde como a ventania. Ao se ocupar os sentidos do devoto, e é isso que acontece nos terreiros de Umbanda, o rito "laça" a mente como se fosse um cavalo arisco. Raros indivíduos conseguem hoje a concentração necessária sem a ocupação ritual dos sentidos.

Quando visitamos os centros espiritualistas que não têm rituais, observamos, na maioria dos casos, somente os corpos físicos presentes nos trabalhos, pois as mentes estão voando, ausentes. Há um médium que se projeta em casa e sacia o bife suculento que o aguarda; outro, estudioso, que fixa-se na especulação filosófica de algum texto, pois, como não tem certeza de nada de tanto intelectualizar-se, está sempre em dúvida; tem a mãe dedicada pensando nos filhinhos e no jantar a fazer; e o cansaço abate o trabalhador cheio de metas preocupado em se preparar para a reunião do outro dia; entre outros exemplos. Assim, as mentes voam como passarinhos esfomeados. Falha a concentração, e se esfacela a formação da corrente vibratória.

O que é uma alma condicionada?

Somos entidades vivas pela eternidade. As almas condicionadas são todos os Espíritos retidos no ciclo de renascimentos sucessivos na matéria. Não entenda o "retido" como se alguém de fora o tivesse aprisionado, visto que é a própria consciência que se ilude e procura dominar a matéria, ao invés de aceitá-la como transitória e fugaz. Para satisfazer esse anseio, Deus permite que a alma nasça em um corpo físico, em qualquer planeta – lembre-se que há muitos orbes – dos infinitos Universos existentes no cosmo.

O impulso psíquico da alma anseia dominar a matéria e dela obter a felicidade. Até compreender que esse tipo de alegria é uma ilusão, que seu corpo físico é limitado a uma existência corpórea, ficará imantada entre um renascimento e outro. Milhares de anos terão que passar para que a alma, exaurida, se dê conta de que ela não é o corpo físico, assim como ocorre com o autor de uma peça de teatro, que sabe que suas personagens são meras criações mentais. Nesse momento, inicia-se o esforço para quebrar a identificação da mente com os objetos dos sentidos.

Outros milhares de anos transcorrerão até que o amor cresça no "coração" da alma e ela alcance a refulgência misericordiosa de um mestre espiritual, que lhe dará a mão, conduzindo-a à liberação final do ciclo de sofrimento – efeito de causas que o próprio indivíduo criou. Finalmente, a chegada é o cálice do néctar do amor de Deus acima de todas as coisas e ao próximo como a si mesmo.

Por favor, explique-nos, com mais detalhes, sobre a liberação da alma desse condicionamento sem fim?

Somente o amor genuíno por Deus e por toda a Criação, associado ao "desejo" profundo de servir, sem quaisquer condicionamentos de receber gratificações em troca, libera a alma de renascer em corpos físicos e, definitivamente, a introduz no Reino de Deus.

É importante observar que toda a ação no bem em prol do outro que pediu é salutar, todavia o anseio natural de fruir os benefícios em proveito pessoal ao fazer a caridade – conseguir trocar o "mau" carma por boas ações – faz o indivíduo receber em troca da ação. Se ele não desenvolver amor em seu coração, ficará como o bicho-preguiça, que morre de fome, mas não muda de galho.

Esforçar-se para elevar a consciência e ter ações retas movidas pelo desejo de não mais reencarnar na Terra têm o efeito contrário, pois instiga o "egoísmo espiritual", e a alma é novamente atraída para um ventre materno humano. É necessário que a consciência se liberte de todo o apego de ações em proveito próprio, se preencha de amor e renda-se a Deus.

Os médiuns, enquanto não solidificarem o amor incondicional no serviço caritativo, melhorarão espiritualmente, reencarnarão em condições mais favoráveis, mas continuarão imantados nos renascimentos sucessivos. Há ainda o medianeiro que volta mais endividado, pois recebeu tudo em Terra e transformou seu "guia" espiritual em quase um "escravo" seu, de tanto que este o serviu. Teve sucesso, prestígio sacerdotal, foi eminente orador, exímio curador, escritor famoso, ministrou muitos cursos, recheou a conta bancária, iniciou milhares, ganhou tantos pedidos de bênçãos que gozou em si mesmo, na ilusão de sentir-se escolhido e eleito.

Se a mente é escrava dos sentidos físicos, devemos negar e anular o corpo?

O aprendizado da não identificação do Eu com o corpo físico não deve ser confundido com a tentativa de certos ascetas de anulá-lo. Uma flor não rejeita a si mesma ao desabrochar. Todavia, dominarmos os apelos sensórios do prazer corpóreo não é tarefa simples ou fácil. As carências emocionais tendem a ser compensadas com o atendimento das exigências de gozo físico: comer, beber, dormir, fazer sexo, drogar-se etc. Se o indivíduo não reeducar seus hábitos, reavaliar a estima baixa, superar medos, vencer, enfim, as armadilhas do falso ego, dificilmente conseguirá reequilibrar sua sintonia interna, que naturalmente pede socorro, sofre e anseia por serenidade e amor, aguardando a sua união com Deus.

Qual a origem dos três modos da natureza que influenciam a humanidade (bondade, paixão e ignorância)?

Não apenas a humanidade, mas todos os planetas materiais são influenciados, e isso é sabido no Oriente desde as mais remotas eras. Sua origem é o Todo Penetrante, Aquele que preenche toda a matéria, o Grande Inseminador Cósmico, o Supremo, Deus. Na ausência de palavras para fazer-me entender nesse vocabulário, bastante limitado para concepções metafísicas mais ampliadas, direi que Deus é o energizante e d'Ele provêm todos os elementos mantenedores do cosmo, mas Ele não é a energia em si, assim como o Sol não é a luz que emite. O indiviso não é divisível, embora se fracione em cada centelha imortal que habita o coração de cada alma condicionada. Aliás, essa "fração" é a essência eterna e permanente que a consciência deve se identificar para se unir a Deus. Mesmo que a mente estabeleça uma terrível batalha para continuar identificada com os objetos dos sentidos, a imposição da inteligência despertada deve sobrepujá-la diariamente. Para isso, é preciso manter a mente atenta, ser testemunha do que se pensa e compreender quais são as motivações ocultas de se pensar isto ou aquilo.

Essa "energia" provinda da Fonte Energizante estrutura todos os Universos, vários e infinitos, paralelos e sucessivos, com miríades de galáxias e infinitos planetas materiais, extrafísicos e espirituais. Os planetas materiais representam, aproximadamente, um terço de todos os planetas, indizíveis ao atual entendimento das criaturas humanas.

Os três modos da natureza retêm as entidades vivas na esfera material cósmica, até que se liberem e galguem o direito de acesso aos planetas espirituais. O modo da *bondade* é a sala de espera para o ingresso permanente nas esferas transcendentais superiores, e o *amor incondicional* é o passaporte derradeiro ao homem de bem, para a sua liberação do cativeiro de renascimentos sucessivos na matéria impermanente.

Os modos da natureza são consagrados no Oriente, mas ainda são desconhecidos no Ocidente. Por favor, fale-nos dos modos da ignorância e da paixão.

No *modo da ignorância*, a alma condicionada tem total identidade corpórea. O indivíduo é passivo, preguiçoso, coloca a culpa nos outros por tudo que lhe acontece. Egoísta ao extremo, desconhece tudo que se relaciona ao Espírito imortal. É altamente fisiológico, trabalha para comer, beber e dormir. Perambula pelo mundo como os animais procuram satisfazer-se; sua consciência está completamente "fundida" ao corpo físico. O sujeito pensa "eu sou o corpo", logo, "se morrer, deixarei de existir". Assim, agarra-se à "carcaça" cadavérica como um náufrago em alto-mar segura uma tora de madeira. Seu desligamento é muito difícil ao desencarnar. Tem facilidade de ficar grudado no corpo físico em putrefação, e quando sai, não se desloca para o Plano Astral, ficando chumbado na Terra. Dessa forma, é atraído para o corpo físico de um "vivo", para que seja atendido seu apelo enlouquecedor das sensações que escravizam sua mente.

No *modo da paixão*, a alma condicionada também tem grande identidade corpórea. Ao contrário da passividade do modo da ignorância, é motivada para as ações fruitivas – quer gozar ao máximo os prazeres e as conquistas mundanas. Agitada, inquieta, persegue o sucesso com todo o esforço possível. Ambiciosa por riquezas, sedenta por sucesso, seu psiquismo é atormentado pela necessidade de dominar, de ser a melhor, uma genuína conquistadora do mundo.

Nesse modo, o indivíduo trabalha exageradamente, fica cego em acumular riquezas e bens. Ao desencarnar, sai rapidamente do corpo físico e vai "tratar dos negócios", como se ainda estivesse vivo na carne. Não aceita a partilha de bens, é contra o novo sócio da empresa, interfere na vida dos filhos, vira um obsessor da constelação familiar. Apresenta enorme dificuldade de "largar" as coisas terrenas. É um atormentado mais complexo que o ignorante e precisará de doutrinação para desligar-se dos seus apegos.

E o modo da bondade?

Nesse modo, o indivíduo angariou um grau maior de consciência transcendental e amorosidade no coração. A identidade da mente vai além dos limites estreitos da percepção dos sentidos hipnotizados pelos objetos que lhe dão prazer. O corpo físico não é mais o senhor absoluto da atenção mental. O entendimento que o ser é verdadeiramente eterno transcende a ilusão de possuir a matéria impermanente, perecível e transitória.

Esse estado de percepção de si minimiza os conflitos por dualidade: gosto e desgosto, apego e desapego, simpatia e antipatia, amor e ódio etc. Obtém assim neutralidade e, consequentemente, equanimidade; por fim, consegue atingir a serenidade. As competições do mundo perdem o sentido pela vontade robusta direcionada para o altruísmo. Agir no mundo sem gozar com as coisas do mundo, esta é a essência da consciência no modo da bondade.

As entidades vivas encarnadas no modo da bondade são filósofos, espiritualistas e filantropos. Podem ter várias funções e cumprir diversos papéis na sociedade, mas se vigiam para não serem possuídos pelo mundo material. Quando desencarnam, em geral, esses seres são mais facilmente liberados para o Plano Astral. Suas consciências não se identificam com a transitoriedade terrena.

Se o momento da morte é o mais importante, basta pensarmos coisas boas para termos a absolvição de um sacerdote? Finalmente nos rendendo a Deus, iremos para um lugar generoso no Plano Astral?

Nada adianta regar uma única vez um galho seco. Uma plantinha, para tornar-se árvore frondosa, deve ser cuidada diariamente. A ilusão de absolvição é figueira ressecada que não dá frutos. Quanto ao "render-se" a Deus, não tem hora. A rendição é a total anulação do falso ego e mantém a individualidade absorvida no Eu Superior, em um momento de êxtase em que a consciência atinge a iluminação – muito raro acontecer com o materialista ardente e apaixonado pelas glórias do mundo perecível.

Como a energia vital retida na base da coluna vertebral impede nosso crescimento espiritual?

Esse bloqueio é decorrente da consciência que se "fundiu" ao corpo físico – "eu sou o corpo". A alma condicionada, ao decretar para si mesma que é o corpo físico, "corta" a conexão com o seu Eu Superior, naturalmente concentra a energia vital nos chacras inferiores, "inchando-os", como o carrapato se enche de sangue. Se ainda pensar que a "verdade" é que só tem uma vida e tem que aproveitá-la ao máximo, se aprisionará no cárcere dos gozos terrenos, aumentando e paralisando o fluxo energético nos chacras básico, esplênico e gástrico.

Enquanto não desbloquear o trânsito interrompido, os chacras superiores ficarão "desnutridos", símile a uma planta que não recebe a luz do Sol. Enquanto não se voltar para a espiritualidade, essa alma continuará infantil e sofrerá muito entre um renascimento e outro. O corpo físico envelhecerá em uma única vida, e a proximidade do fim lhe causará muito medo, profundo transtorno de ansiedade, depressão e variadas síndromes psicopatológicas.

As sessões de Umbanda serão necessárias até quando?

Enquanto o perfil das almas condicionadas que "circundam" a Terra não mudar, no sentido de que não são autorrealizadas, mantém-se necessário o mediunismo socorrista. Quando um filho está se afogando, o Pai Supremo nunca nega estender-lhe a "boia" que o salvará. Um enorme número de consciências se une em torno do intercâmbio mediúnico, todos náufragos "salvos" no bote da misericórdia. No auxílio recíproco, uns melhoram sua própria condição na tarefa, outros despertam a transcendência, uns ajudam mais do que são ajudados, e todos são conduzidos pelos abnegados mestres que já se liberaram dos renascimentos, mas que por amor aqui permanecem. Se Deus é amor, o amor é ação em favor de todos, assim como o Criador trabalha incessantemente no cosmo.

Se não houvesse a intercessão espiritual dos mestres astralizados, o que aconteceria com os Espíritos que não conseguem reencarnar?

Em verdade, os mestres não são "astralizados", e sim se liberaram do Plano Astral terreno, que ainda é material. Poderiam estar em planetas espirituais inimagináveis aos seres humanos, mas aqui estão por imenso amor. Luzes refulgentes do Divino, impõem-se imenso rebaixamento vibratório para serem vistas e sentidas no Plano Astral.

Entenda que no Além também existe a comunicação mediúnica, dos nossos abnegados instrutores com as esferas mais elevadas do cosmo. Sem a intercessão misericordiosa do Alto, os Espíritos ficariam indefinidamente presos nas coisas da Terra, causando um desequilíbrio na psicosfera planetária. É indispensável o auxílio dos mestres da luz, visto que a maioria das almas condicionadas vibra no modo da ignorância e da paixão. Elas estão hipnotizadas na falsa percepção de si, como se fossem os corpos físicos, e as suas mentes estão encantadas com o falso ego, tal a cobra cega que morde a ponta do rabo ao confundi-lo com o camundongo. A consciência dominada pela mente encarcerada pelo falso ego ainda é semelhante à mariposa que "enxerga" o lampião como o Sol.

Sem dúvida, a Divina Lei Suprema ampara igualmente a todos, uma vez que a Lei não é só a exatidão da matemática, mas também o amor imensurável e a certeza da misericórdia.

O Plano Astral é material? Não é o Plano Espiritual?

Não, meus amados filhos. É material, embora os corpos sejam de matéria mais sútil que os densos corpos físicos. Os Planos Astrais que circundam os planetas materiais são materiais. Podem ter esferas mais elevadas, paradisíacas, mas são impermanentes, um dia deixarão de existir, tal qual a chama se apaga quando chega ao fim a vela, tão efêmeros na eternidade como a bolha de sabão que explode no ar. Todas as almas condicionadas terrenas e retidas no ciclo de renascimentos sucessivos se alojam na "bolha" do Plano Astral no *período intermediário*, ou como dizem alguns espiritualistas, *intermissivo*, que é *o tempo entre a morte física até o próximo nascimento*.

Esse assunto, iniciático nos templos ascetas do antigo Oriente, comum aos vedas e ao budismo, será aprofundado a seguir, numa linguagem acessível ao entendimento da consciência ocidental e notadamente da massa humana umbandista, ainda pouco afeita ao estudo transcendental.

Por que os seres humanos sofrem?

A Umbanda ensina a praticarmos a não violência, a tornarmo-nos pacíficos. O mandamento maior de preservação da vida recomenda não matar, inclusive os animais. Lembremo-nos que os hábitos nocivos matam também o corpo físico. Logo, o não matar inclui a preservação corpórea do indivíduo.

Preservação significa ter uma boa alimentação, um bom sono, fazer atividades físicas adequadas e manter uma prática espiritual, ou seja, é inconcebível que o indivíduo não procure uma prática espiritual para compreender, à luz do discernir, os motivos que o fazem sofrer. Se assim não agir, não romperá as algemas da ignorância.

A não violência é muito mais que algo meramente físico, seu sentido amplia-se para não deixar outros em aflição. As pessoas em geral estão presas na armadilha da ignorância do conceito material de vida, sofrendo "perpetuamente" as dores materiais originadas por gostos e desgostos, apegos e aversões ilusórios gerados pelo falso ego. Desse modo, a menos que nos terreiros nos dediquemos a elevarmos as pessoas ao conhecimento espiritual, podemos estar contribuindo indiretamente com a violência. Os médiuns e Guias Astrais, em parceria, devem dar o seu melhor na distribuição de conhecimento transcendental verdadeiro às pessoas, com amor e veracidade, a fim de que elas possam se iluminar e compreender melhor as aflições da vida e o enredamento material. Isso é não violência, esta é a *missão da Umbanda*.

As pessoas se afligem e se lamentam por não perceberem o bem definitivo, o tesouro oculto dentro delas, assim como o caracol não tem consciência do molusco que carrega nas entranhas. O padrão psíquico vigente do ser humano, o que prepondera nas massas, se lamenta pelos que partiram e pelos que irão partir, esquecendo-se de que ele mesmo partirá em breve. A impermanência é a maior certeza na matéria. Os homens experimentam a infância, a juventude e a velhice, não percebendo que o corpo físico muda porque é instável e, inevitavelmente, entrará em falência orgânica total. Obviamente eles devem ser algo mais que o amontoado de carnes flácidas e enrugadas ao final da vida.

O sábio das coisas transcendentais não se confunde com a impermanência corpórea, por isso não sofre. O homem materialista anseia por conquistar o mundo, agindo por meio de uma frágil armadura, que muito em breve o deixará vazio de ações materiais, assim como o caracol oco e abandonado se desintegra na terra.

A alma condicionada é imortal, indestrutível e permeia todas as existências em "infinitos" corpos materiais e espirituais. É perene, constituída da energia primordial, e não morre quando o corpo morre, tal qual o princípio espiritual que aviva a cigarra não sucumbe quando a deixa como uma casca seca presa à árvore, ao término do seu ciclo de canto. Ciente de que a alma é indestrutível, eterna e imperecível, permanente pelo porvir, como pode as criaturas humanas sofrerem tanto, como se fossem as roupas que o mofo consome num armário que não se areja, não se abre para a luz?

Assim como o nascimento num corpo material é certo para as almas condicionadas no Plano Astral, é igualmente certo o "nascimento" para o morto, que recebe um corpo sútil após abandonar o falecido corpo físico. A diferença está que a alma que retorna a nascer na matéria é símile a um lago comprimido num dedal, em contrário à alma que retorna, que se expande voltando a ser novamente um lago.

"A morte é uma punição", pensam alguns, mas não é verdade. Pelo contrário, a possibilidade de trocar de corpo até que a consciência se desenvolva e não mais se identifique com a matéria é um enorme benefício. Até o homem se liberar totalmente da necessidade de renascimento, séculos e séculos, milênios e milênios advirão, mas a bondade amorosa do Supremo Inseminador do cosmo germinou infinitos Universos e planetas para as almas renascerem.

O final do sofrimento se inicia quando a consciência se libera da escravidão da mente identificada com a ilusão de que é um mero corpo físico. A partir desse marco referencial, o Eu se fixa no Eu e na verdade. A percepção real de si, isto é, o ser imortal, leva-o a outro patamar de compreensão de sua missão, do seu *dharma* – propósito de vida.

Se os corpos são passageiros e ilusórios e todos são almas eternas e imortais, não importa se você é loiro, negro, amarelo, baixo, alto, bonito, feio, pobre ou rico. Importa amar a todos essencialmente como iguais a você. Este é o *conhecimento verdadeiro!* O primeiro degrau da escada que conduz à porta aberta do Reino de Deus.

Pai Tomé Responde

Todas as religiões dizem ter a verdade. Nesse ambiente de diversidade ao qual a Umbanda está inserida, como transmitir o conhecimento espiritual verdadeiro?

A transmissão de conhecimento e saberes diversos sobre as verdades espirituais, ainda ocultos à maioria dos cidadãos terrenos, deve pautar-se por respeito incondicional à fé e à confissão religiosa de cada indivíduo. Mesmo o ateu é filho amado na Seara do Pai, na medida exata que esse amor é equanimemente distribuído a todos. Nenhum senso de superioridade paira no genuíno orientador, se efetivamente for autorrealizado na ciência transcendental.

Ao ignorante materialista apegado aos sentidos corpóreos, nada adianta descortinar verdades metafísicas, assim como o tamanduá de visão fraca não enxerga a floresta além do cupinzeiro. Os abnegados e renunciantes Espíritos orientadores da Umbanda a todos aconselham moldando a linguagem à capacidade de compreensão dos ouvintes.

Não devemos nos lamentar pelos que partiram, todavia é prudente orarmos pelas almas sofredoras do lado de lá?

Considerando que a alma é imortal e perpetuamente viverá, ninguém parte ou chega, em significado de morte ou nascimento físicos. Assim como as roupas guardadas no armário não são quem as veste, similarmente o corpo orgânico transitório não é o Espírito. Quando uma pessoa troca de roupa para ir a uma festa, ela não deixa de ser quem é pelo simples ato de vestir-se diferente. Os renascimentos sucessivos não carecem de solução de continuidade, pois os talentos adquiridos permanecem intocáveis entre uma vida e outra. O ser não deixa de ser quem é, embora o cidadão comum não se lembre de sua real origem.

A lamentação pelo que parte ao morrer e o entusiasmo ao que chega em nascimento ao mundo material são equívocos pela ausência de compreensão sobre a real constituição da alma. A serenidade das almas autorrealizadas no lado de cá da vida imortal não permite a dualidade pueril de sentirmos alegrias nas vitórias e tristezas nas derrotas humanas. A lamúria e o choro compungido, gerados pelo sentimento de perda e derrota, bem como a euforia e o riso pelos ganhos e vitórias, mostram tão somente o apego ao que é impermanente, logo, ilusão.

Por outro lado, a oração elevada e amorosa do homem sábio, conectado ao seu potencial divino interno e deste com a opulência divina do Criador, é capaz de liberar as almas aflitas de amarras energéticas que as mantêm prisioneiras na crosta. Ao contrário, a oração movida pela lamentação saudosa do "defunto" não ajuda e até prejudica, semelhantemente a uma mãe imprevidente que dá banho no bebê com água suja.

Poderia nos orientar quanto à oração às Santas Almas, tão comuns na Umbanda?

Sem dúvida, o homem aflito pode e deve orar aos Santos, independentemente de denominações religiosas terrenas. Quando se canta os Santos Nomes em oração, potente dínamo espiritual é ativado, aliviando o psiquismo dos que se encontram atormentados. Notadamente, os Espíritos bentos e bentas, que atuam como Pretos Velhos na Umbanda, se aproveitam dessas louvações e ladainhas e amparam não só os da Terra como também espalham seu raio de ação às almas aflitas caídas nos umbrais.

Um dia nos "fundiremos" com Deus e deixaremos de ser indivíduos, no sentido de nos tornarmos um só com Deus?

Os impersonalistas confundem união com fusão. A Inteligência Suprema faz tudo com alta significação espiritual. As almas criadas no infinito cosmo, com predisposição natural de se tornarem consciências individualizadas de pleno conhecimento e plena bem-aventurança, não "perderiam" essa aquisição após miríades de renascimento em tantos planetas materiais, fundindo-se com Deus e se "aniquilando", numa espécie de "suicídio" espiritual. Elas se unirão com o Supremo, em consciência autorrealizada, mas não deixarão sua constituição original para a qual foram criadas, eternas individualidades, assim como as estrelas emitem luzes particularizadas de uma única fonte cósmica energizante que é Deus.

Deus está em nós, mas não deixamos de ser um ser individual para sermos Deus. Se fosse dessa forma, nenhuma Criação existiria de fato – Deus estaria só por toda a eternidade num infinito vácuo sem nada, de pleno vazio em si mesmo. Obviamente, não faz nenhum sentido espiritual caminharmos para o eterno vácuo e vazio. Todavia, qualquer palavra que saia da boca do homem para definir a existência inefável em Deus é precária, mesmo o que está escrito nas escrituras consagradas, escritas por seres humanos para a compreensão de pessoas humanas.

Se a "energia primordial" que constitui as almas é "Deus em nós", por que temos que existir em frágeis corpos materiais que morrem e não somos "feitos" desde o início em Espírito imortal, realmente à imagem de Deus?

Deus é o energizante de toda a energia que forma os mundos materiais, transitórios e impermanentes. A necessidade de a alma "estagiar" na matéria é para que aprenda a identificar-se com o *Deus que habita nela*". O treinamento do Pai coloca todos, inicialmente, no ciclo de impermanência, até que a consciência se desenvolva e volte-se para si, desprendendo a sua atenção, que a identifica com as coisas de fora. A inquietação que fermenta internamente busca compreender de onde eu vim, quem eu sou e para onde eu vou. Essa ruptura interna com as energias materiais externas conduzirá a alma às verdades transcendentais, tirando-a da ilusão, após muitos, muitos renascimentos.

O "corpo espiritual" é perene, indestrutível e imortal. Não sofre o impacto do desgaste material, não precisa ser alimentado, não envelhece nem adoece. Faltam palavras no vocabulário terreno para descrevê-lo adequadamente. É como um corpo de luz que nunca se apaga, rudimentar imagem simbólica, assim como as estrelas são invisíveis ao dia, sob a luz do Sol.

Vemos tanta morte e destruição neste planeta. Afinal, quando seremos de fato conscientes, com firme convicção interna, de que a alma é indestrutível?

Somente após muitas mortes vivenciadas em si mesmo, intermináveis renascimentos, em tantos planetas materiais e em quantos Universos materiais forem necessários, a consciência identificada com o poder transitório de dominar a matéria despertará do sono letárgico que a encarcera.

Pensemos que isso é disciplinador e se limita somente a um quarto de toda a Criação. Os demais três quartos são planetas e Universos espirituais, em que há plena aventurança, pleno conhecimento e felicidade indizíveis. Como a Suprema Inteligência germina tudo com seu imensurável amor, dá equânimes condições para que todos se liberem e adentrem ao verdadeiro Reino de Deus. Nesse jogo cósmico da Criação, enquanto a alma não desperta para sua real constituição, estará aprisionada na instável materialidade, que a voracidade do tempo consome gerando uma constante impermanência.

O despertar é lento para as humanas criaturas, mas diante do "tempo" da Criação, é rápido, menor que o suspiro de uma criança.

O Plano Astral ainda é material e todas as almas que nele habitam terão que renascer?

Sim, o Plano Astral da Terra é formado por energia material. Matéria mais sútil que a matéria física, mas ainda material, transitória e impermanente. De modo evidente, o real Plano Espiritual transcende o Plano Astral terreno. Assim como o peixe no aquário, que não percebe o tamanho do oceano, a maioria dos adeptos das religiões terrenas confunde o "paraíso" astral com a definitiva morada do Espírito.

Nem todas as almas "astralizadas" terão que renascer. Assim como os olhos humanos não conseguem enxergar todas as cores da luz solar, as almas iluminadas não aparecem às impressões dos médiuns comuns – altamente comprometidos com a Lei Divina. São

Mestres da Luz, por compaixão auxiliam a humanidade terrena. Poderiam viver num oceano de bem-aventurança espiritual e, por vontade do Pai, aceitaram habitar um pequeno balde com água do mar.

O Plano Astral terreno é símile a uma minúscula bolha de sabão flutuante no ar, quando o comparamos à magnitude do cosmo espiritual infinito.

A consciência após a morte física

Nesta época de busca desenfreada pelo dinheiro, a maioria dos encarnados persegue o sucesso no mundo. Imantados com eles, multidão, bilhões de desencarnados não querem "soltar-se" das coisas terrenas, tal qual o musgo da jaca, que cola e não desgruda da mão. Em reciprocidade de impulsos mentais, anseiam sobreviver na matéria, que é diferente de viver em Espírito. Os tormentos dessas almas são frutos do esforço atávico de conquistar, possuir, gozar, dominar e impor aos outros a sua vontade. Procuram "reinar" sobre as energias materiais condensadas, na busca do domínio sobre os objetos dos sentidos para os seus usufrutos de prazeres num paraíso ilusório. E assim, enredados entre uma encarnação e outra, permanecem imantados no ciclo de sofrimento que impõe nascimento e morte, comuns nos planetas materiais. Olhar a fotografia de anos atrás gera desgosto e aversão para com o corpo presente, mais velho, cabelos brancos e carnes murchas. Nada há que perdure, e nenhum templo ficará pedra sobre pedra no tempo.

Na matéria tudo é impermanente. Os objetos dos sentidos, que hoje são motivos de prazer confundidos com felicidade e alegria pelo apego, amanhã serão de infelicidade devido à sua perda. Esses estados de oposição são mentais e ilusórios, pois de fato só existe no nível de percepção do indivíduo, uma mera criação passageira da imaginação.

Inexoravelmente, tudo que o ser humano possui, ele perderá, até mesmo os fios de cabelo, o viço da pele, o brilho dos olhos e a vitalidade da língua maleável entre os dentes da boca. A verdade que bate à porta de cada um é que basta estar vivo para morrer, pois os ossos que sustentam a casa logo cairão em terra. A perda do corpo físico é compulsória, inevitável e intransferível. Todavia, o medo, a ignorância, as ansiedades, fobias e depressões, tão comuns no estado psíquico das almas aflitas da atualidade, podem e devem ser superados por meio da educação da consciência. Devemos nos desiludir, no sentido de desconstruir as ilusões que hipnotizam a mente no transitório e a afastam do permanente. Enfim, a libertação do cativeiro se inicia no fim das ilusões que alimentam o ardiloso ego, tantas são as fantasias e os mimos que os seres carregam no inconsciente, um fenômeno atávico que permanece entre uma vida corpórea e outra, de longa, longuíssima data.

As tradições milenares do Oriente ou religião primeva – *Sanatana Dharma*[2] – conhecem os estados intermediários de consciência, nos quais o Espírito realiza a sua cíclica e infinita jornada evolutiva. Há uma continuidade mental incorpórea após a breve existência na condição física que permanece nas dimensões materiais após a deterioração

---

2 A etimologia das palavras "sanatana dharma" tem o sentido amplo de "ordem eterna", ou seja, o que é permanentemente válido, independentemente de tempo, lugar e circunstâncias. Por isso, *sanatana dharma* não possui região específica, nem povo, nem cultura para o qual ele não se aplique. A palavra sânscrita "sanātāna" compõem-se de "sanã" = antigo, ancestral, anterior etc., + "atana" = passagem, o que passa. Literalmente, o que "sempre passa", no sentido que sua teleologia é ficar passando eternamente (o Ser). Entre tantos termos, "sanātāna" quer dizer: "eterno, perpétuo, permanente, sempre existente, primevo, antigo, interminável, sem-fim", e assim por diante. "Dharma" é outro termo que possui centenas de significados, entre eles: "ordem, lei, prática, costume, conduta prescrita, dever, direito, virtude, moralidade, 'religião' [por favor, não confundir com instituições religiosas], boa-ação, regra, justiça, natureza da coisa, conformidade com a retidão", e assim por diante.

orgânica. A consciência é destinada a ser perene e independente dos objetos materiais e corpos físicos que lhe serviram de expressão. Existe uma solução de continuidade da consciência após a morte física com a manutenção dos corpos mental e astral. Sua manifestação é condição natural, liberta do veículo ou corpo que ela se ancora.

Todavia, os estados de perturbações são maiores tanto quanto o indivíduo sem o corpo físico foi materialista quando nele estava. Falta o exercício de interioridade que conduz à percepção real do ser, obviamente de que ele não é o que aparenta ser, algo passageiro e transitório, como são as coisas do mundo terreno. Da mesma forma que os pássaros para voarem necessitam movimentar as asas, devem os seres humanos se esforçar no íngreme caminho da autoconsciência quando estão encarnados, pois só se liberta da prisão quem esteve no cárcere de si mesmo.

Infelizmente, a grande e absoluta população do orbe terrestre vive fatalmente hipnotizada pela energia material, a que é efêmera, impactando cedo ou tarde em atrozes sofrimentos em suas entranhas psíquicas, após a inevitável e natural morte física. O "descarte" do corpo grosseiro que possibilitou mais uma encarnação é liberação benfeitora, mecanismo que deveria ser ensinado às crianças nas escolas terrenas, tal qual as cigarras cantam nos galhos das árvores. Na natureza, nada se perde e nada se cria, tudo se transforma. Deus ensina amor, num método pedagógico superior, educando para a imortalidade da alma.

O conceito de transmigração é uma doutrina filosófica de origem cósmica, transportada da Índia para o Egito, de onde mais tarde Pitágoras[3] importou para a Grécia. Conforme a cosmologia védica[4],

---

3 Pitágoras foi um dos grandes matemáticos da Grécia Antiga e uma das encarnações do Espírito Ramatís.

4 A gênese do Universo é narrada no *Śrīmad-Bhāgavatam*, que é uma obra antiga escrita em sânscrito que forma a base do extenso compêndio das escrituras sagradas dos Vedas, a base doutrinária do hinduísmo. Hoje a ciência confirma a formação dos multiversos e do cosmos conforme narrado nessas escrituras.

1/4 dos planetas do Universo são físicos, e os demais 3/4 são planetas espirituais. Alcançaremos os planetas espirituais quando nos libertarmos do ciclo de renascimentos em corpos físicos. Nessas esferas espirituais, os corpos não envelhecem, não adoecem nem perecem.

Durante o ciclo de renascimentos carnais, podemos reencarnar em qualquer um dos infinitos planetas materiais do Universo, a qualquer momento, o tempo todo. Encarnamos no planeta que somos afins, em conformidade com a nossa vibração pessoal. Não renascemos somente num mesmo planeta, por isso podemos obter liberação e adentrar os portões dos planetas espirituais a qualquer momento.

Pai Tomé responde

Como se domina as energias materiais condensadas?

O método clássico consagrado nas principais tradições, de domínio das energias materiais condensadas, é a utilização da força mental, invocatória com palavras (mantras) de encantamento, muito comum na magia elementar. Procura-se hoje assim controlar os elementos telúricos do planeta e se angariar poderes e benefícios materiais. Banalizaram-se os magos, que se transformaram em médiuns sacerdotes que almejam o paraíso na Terra.

Esses médiuns magos e sacerdotes sofrem alguma ação de retorno pelo uso indiscriminado dos elementos?

Sem dúvida, assim como uma fogueira acesa no solo resseca a terra, tais médiuns podem adoecer. Desestabiliza-se seu equilíbrio molecular do duplo etéreo. Observe que "grandes" magos são elegíveis ao câncer e às doenças degenerativas, quando a vaidade os domina e chicoteia seu psiquismo, assim como um jarro sujo polui a água.

Isso acontece por ser uma consequência cármica?

Nem sempre são cármicas de vidas passadas. No mais das vezes, a Lei Divina "cobra" o carma gerado na vida presente. O desejo ao fruto da ação é como uma maçã vistosa no galho da sedução aos olhos de quem tem fome. O efetivo e constante desfrute do mago, assim como a fruta podre que sacia o apetite, mas provoca um desarranjo intestinal, ocasiona o enfraquecimento da coesão molecular do duplo etéreo e, por ressonância, repercute em doenças fatais – metástases.

Os elementos mantedores do planeta – ar, terra, fogo e água – são altamente responsivos. Imagine uma chama pintada numa tela que de fato incendeia, tal a magnitude da criação mental do mago que subjuga as forças elementais da natureza. O homem ignora que a mão que pinta a tela da vida é de Deus, por isso sofre o efeito de retorno de seus próprios desatinos. Sua esclerose egoica o faz se sentir o supremo controlador.

E se o mago não desejar para si os frutos da ação magística?

Se você sabe que um cacho de bananas está envenenado, mesmo assim deixa que as comam? O apego à fama nubla o discernimento e faz com que se sofra a ação de retorno sem desejar o fruto da ação. Não se constrói uma rede sem vários nós, assim como de um único fiapo de palmeira não se faz uma esteira. As Leis Divinas olham o todo, e quando o individual prejudica sua harmonia, a corrigenda é inevitável. Quando a *intenção* não é do bem, o efeito que volta não é bom.

Dizem que o médium precisa trabalhar para se educar. É assim?

O apelo do mero exercício da mediunidade para se "educar" é uma troca arriscada. O médium que não se conhece e não tem autocontrole é uma carruagem em alta velocidade conduzida por um cocheiro cego. Ignorantes, ansiosos, vaidosos, depressivos, fantasiosos, carentes, agitados, egoístas, mimados, orgulhosos etc., esses médiuns atrairão ampla possibilidade de se desgovernarem ainda mais ao "trabalhar" na mediunidade para se educar, quando deveriam se educar para depois trabalhar. *É preciso estudar para praticar, e não só praticar.*

Fale-nos das fantasias e dos mimos no inconsciente do médium deseducado e o que isso atrai na mediunidade?

No estado mais grave e fantasioso do médium mimado, serão atraídos Espíritos que pensam ainda serem reis, rainhas, príncipes, sultões, marajás, entre outros. Todos coroados, pedirão vestimentas especiais, festas, bebidas, serão bajulados e exigirão um tratamento como se estivessem em tronos medievais de poder e mando. Esse cenário é comum no mediunismo deseducado.

O guia espiritual precisa de objetos materiais?

Não precisa, mas se utiliza dos objetos materiais porque os encarnados são matéria densa. Os condensadores energéticos servem para liberação de certos fluidos, que serão direcionados para os assistidos. Reflita que Deus não necessita do calor ou da luz do Sol nem da água dos oceanos que evapora e cai como chuva dos céus, mesmo assim, numa expansão d'Ele, os criou em benefício da humanidade.

A solução de continuidade da consciência após a morte física significa reconhecer que morreu?

A maioria não reconhece. Suas mentes estão plenamente identificadas com o corpo físico e com as coisas materiais, assim como os peixes em seu hábitat não enxergam os telhados dos chalés na estrada à beira-mar. A solução de continuidade refere-se à permanência da consciência no período intermissivo, entre uma encarnação e outra. Essa perenidade independe do nível da consciência em si, pois mesmo o ignorante no Plano Astral perceberá a sua volta, em conformidade com os sentidos psíquicos pouco desenvolvidos. O que se conquista interiormente em vivência na Terra se mantém no mundo astral. Isso determina as diferenças entre os reencarnantes, segundo a semeadura individual. Cada um traz consigo uma "bagagem" preexistente que as "traças não roem", sendo única e incomparável. A dilatação da consciência é ininterrupta, assim como é certo que o calor faz a água evaporar.

Os guias espirituais podem se hipnotizar pelas energias materiais?

Um beija-flor paira nos cumes dos jardins floridos. O caranguejo se aloja na lama do mangue. Do mesmo modo como o caranguejo não se alimenta do néctar das flores e o beija-flor não bica o lodo, assim é da natureza de um genuíno guia espiritual não se hipnotizar pelas energias materiais. Tudo na Criação tem uma ordem e uma correspondência específica vibratória. A mão que modela o barro e se transforma em jarro não é a mesma que toca o violino em uma orquestra. Cada um tem aptidões conquistadas pela sua consciência. Até mesmo a minhoca rastejante no subsolo encontra o meio afim para se expressar. Observe a perfeição da Obra Divina.

O homem autorrealizado e autoconsciente de quem realmente é, que conhece a si mesmo, projeta em torno de si um luminoso e radiante facho de lindas cores pulsantes, como se estivesse ao Sol do meio-dia em um cuidado jardim florido.

As projeções mentais e a formação dos bolsões de Espíritos sofredores no Plano Astral inferior

O estado de consciência ao qual você está agora, encarnado, é como um peixe nas águas oceânicas. O peixe é o que é. Não pensa. O homem é o que pensa, e o que pensa é irreal. Pensa ser o que a mente idealiza. O peixe morre e não muda o oceano. Todavia o ser humano é potencialmente divino e pode alterar a percepção de si, a qualquer momento, abrindo o portal da consciência para o oceano cósmico da bem-aventurança do "Eu e o Pai Somos Um". Da mesma forma como a onda lambe a areia da praia e não consegue separar-se do mar, assim é uma vida terrena humana, uma breve "onda" do Espírito na materialidade.

Todas as almas do planeta Terra estão imersas nesse estado de consciência intermediário, não definitivo, como ondas momentâneas, em que a dimensão energética sutil que estrutura o ser humano opera a associação da mente com a dimensão material. Isso diretamente por meio do contato mental com os sentidos propiciados pelo corpo físico, envoltório de um "recheio" menos denso que o forma e anima.

O homem "lambe" a areia da praia cada vez que renasce, mas uma força incontrolável o faz retroceder e voltar ao oceano donde veio. A vida e a morte estão em constante fluxo e refluxo. As ondas vão e vêm e formam bolhas fugazes, mas o mar permanece incólume. Similarmente, a encarnação humana é tão efêmera quanto essas bolhas, e a essência do Espírito imortal é perene como o mar, no tempo eterno da Criação Divina. O homem é constituído não só por um corpo físico e uma alma imaterial, como antigamente diziam as avós para os seus netinhos. É um ente complexo que faz parte de vários níveis vibratórios ou planos universais de existência.

As práticas e filosofias de um Preto Velho no terreiro de Umbanda podem carregar, atrás dessa forma e desse nome simbólicos, um manancial de conhecimento iogue (união com Deus) ancestral. A irradiação fluídica direcionada ao consulente beneficia os nervos, age sobre todos os órgãos, glândulas e, finalmente, sobre todo o organismo, mas vai além, visto que harmoniza outro nível do ser, conhecido como corpo vital ou duplo etéreo. Aí não se detém, chega ao corpo astral e ao plano mental, indo aos núcleos mais quintessenciados e cada vez mais próximos do Espírito ou da essência real do consulente, pela ação da consciência e vontade unida em Deus da entidade, que executa os poderes de realização ao qual todo o ser detém dentro de si, mas que ainda não tem consciência.

A falta dessa consciência dá-se, neste momento de sua vida, pelo fato de a parte material ter um "peso" maior na ocupação de sua mente. Sua percepção está aterrada às experiências e aos estímulos diversos, constantes, volumosos e gerados pelos sentidos corpóreos. Essa usina de força movimenta o ver, ouvir, cheirar, degustar, sentir, gozar etc. Tudo o que se toca parece real. Essa aparente solidez fixa na mente a percepção de uma falsa realidade, como se a personagem de um filme fosse mais importante do que o assistente sentado na cadeira do cinema. A personagem é o ego, e o assistente é a mente.

Ocorre que, em alguns meros anos, tudo o que se achou que era real e se "agarrou" se esvairá, como um jato de saliva que salta da boca num espirro e se desfaz no ar. Toda a aparente solidez não foi mais que um sonho enganoso e ilusório. O indivíduo, fixado mentalmente nos fenômenos materiais que pareciam concretos, é um mago falido. Acorda no além-túmulo "preso" em suas próprias projeções mentais.[5]

A estrutura da mente cria uma complexa projeção em que tudo que o indivíduo experimenta, sente e vê existe temporariamente fora dele. Em verdade, a desconexão da mente com a sua real estrutura interior – perene e imortal – plasma uma espécie de *universo-esfera* personalizado no Plano Astral. Quando se alteram os elementos que são objetos da atenção e ação mental, do físico para o extrafísico, claro está que a mente ganha maiores poderes de interferência, embora descontrolados e incompreendidos, devido à densidade e coesão das partículas constituintes do Plano Astral serem menores que no plano material, logo potencialmente mais maleáveis às idealizações mentais.

Consequentemente, o estado de ânimo vigente nas criaturas humanas, de raro autoconhecimento e ausente maturidade emocional, projeta uma *esfera vibratória* que as encarcera, estando ensimesmadas, sofridas e perturbadas mentalmente. São fantoches amarrados num palco teatral em que o espetáculo se "eterniza". Os "cordões" mentais não soltam facilmente o boneco, seu escravo subjugado que alimenta o antiquíssimo inimigo da liberação definitiva; o velho, resistente e ainda invencível ego.

O homem autorrealizado e autoconsciente de quem realmente é, que conhece a si mesmo, projeta um *universo-esfera* luminoso e radiante de lindas cores pulsantes, como se estivesse ao Sol do meio-dia em um cuidado jardim. Todos são igualmente capazes de atingir esse estado, do ponto de vista "técnico" do processo de projeção da mente e da sua interferência nas sutis moléculas do Plano Astral. Assim como os pretendentes a pintores têm amplo acesso às tintas, telas e

---

5 Vide a obra *No reino de Exu – a retificação do destino*, pelo selo Legião Publicações.

aos pincéis, uns produzirão belas paisagens, outros desenhos infantis e ainda borrões irreconhecíveis. Cada indivíduo é único e carrega consigo suas predisposições psíquicas inconscientes e inclinações preexistentes que definem os impulsos que os levam a tomar determinadas atitudes perante a vida. Esses *universos-esferas* individuais, construídos do lado de cá, são tão diversos e únicos que se comprova galhardamente o aforismo popular *"a cada um segundo suas obras"*.

É importante salientar que cada ente é o que pensa ser agora. Ficar preso no passado, para justificar sua infelicidade e aguardar um estado futuro para ser feliz, protelando a limpeza psíquica que deve ser feita imediatamente, é covardia. Não existe passado ou futuro, isso é uma projeção mental ilusória. A consciência vive no eterno agora. A confirmação do estado interno de cada criatura é determinada por registros de memória atemporais, arquivados no inconsciente. Por sua vez, se esses registros não forem reconfigurados na atual reencarnação, manterão sua força atávica centuplicada fora do corpo físico.

As situações de vida não apresentam a mesma nitidez, variando de indivíduo para indivíduo. O enrijecimento da mente nos estímulos sensórios materiais a ata e subjuga-a pelas projeções autoproduzidas no Plano Astral. Atraem-se por semelhanças vibratórias, tal qual o cimento concreta os grãos de areia, formando os *bolsões de universos-esferas* – mais precisamente a união gigantesca de "bolhas individuais, almas aflitas e atormentadas no Plano Astral.

Somente com a mudança das percepções mentais do encarnado é que poderão ocorrer alterações nas disposições mentais quando ele estiver desencarnado. No atual estágio evolutivo da humanidade terrena, as disposições íntimas que geram esses fluxos energéticos mentais perturbadores só podem ser contidas e alteradas durante a vida física. Fora do corpo orgânico, os registros inconscientes dominam a mente e perturbam completamente o discernimento superior da consciência do ser em sua real essência. Enquanto o homem não vencer a ele mesmo imerso na energia material, que tanto o encanta e hipnotiza, estará e será fantoche escravo das cordas (*gunas*), que o amarram na roda das reencarnações sucessivas em planetas materiais, tanto mais inferiores e densos quanto menos vitorioso for nessa batalha.

Existem três *gunas*, que significa cordas em sânscrito: *Sattva*, *Rajas* e *Tamas*. Elas são consideradas as qualidades fundamentais da natureza material manifestada, ou *prakriti*. As *gunas* são, às vezes, descritas como energias, outras vezes como forças da natureza criada. Elas representam um triângulo de forças simultaneamente opostas e complementares que governam tanto o Universo físico quanto a nossa personalidade e os padrões de pensamento na vida do dia a dia, dando origem às nossas realizações ou aos nossos fracassos, alegrias ou infelicidade, saúde ou doença. *A alma condicionada está presa a essas três cordas e só se liberará ao superá-las.* Quando se "descondicionar" das influências das *gunas*, estará livre e não mais renascerá em planetas materiais.

A encarnação como médium é potencialmente terapêutica, uma espécie de tratamento de emergência. É possível alterar as sementes cármicas negativas substancialmente, ou o Espírito reencarnante fracassa e atrasa ainda mais o desenvolvimento de sua consciência. É campo de batalha e prova de fogo na linha de frente da ação retificativa para grandes egos, orgulhosos, egoístas e altamente faltosos com a Lei Divina.

Há que considerar que o grau de consciência dos médiuns da atualidade, em parcela considerável e, infelizmente, de maneira crescente, notadamente no meio umbandista, está interiorizando muito pouco os ensinamentos para a autorrealização que a Umbanda oferece. Basta prestarmos atenção nos comportamentos, nas atitudes da massa de adeptos medianeiros e fiéis, cada vez mais impressionáveis com os cerimoniais e ritos externos, ávidos por atingirem os seus objetivos materialistas e de satisfação pessoal. Um hedonismo crescente, enquanto escasseiam os esforços de autoconhecimento e autorrealização na íngreme montanha do autoconhecimento, caminhos ignorados e de menos-valia para o senso comum vigente.

Não por acaso, para ensinar a massa umbandista a olhar para dentro de si, tirando-a do encantamento ritualístico externo, num esforço da espiritualidade superior regente da Umbanda, neste início do Terceiro Milênio, milhares de Espíritos orientais estão reencarnando no Brasil e serão médiuns conscientes nos terreiros, o que será tratado com maiores pormenores em capítulo próprio desta obra.

Pai Tomé responde

Fazemos parte de vários níveis vibratórios ou planos universais de existência?

O "núcleo" do Espírito, o centro vibrado da alma, é nota musical única do mais alto diapasão cósmico. É a voz de Deus diante do que afirmou Jesus: *"Eu e o Pai somos um"*. Frequência em altíssima escala, é a gota de água do oceano, provisoriamente compartimentada num dedal. A gota de água carrega potencialmente o oceano em si. De forma similar, dentro do homem dormita a Potência Divina, pois o ser humano é expansão plenária do Criador.

Para a expressão da consciência nos planos densos e de baixa vibração, essa gota ou núcleo vibracional foi gradativamente envolvida em corpos espirituais, tal qual se usa uma luva protetora para se pegar um ferro incandescente.

O corpo físico é ressonância do Espírito imortal e daí energia condensada. Dessa maneira, similarmente a cilindros colocados um dentro do outro, do maior até o menor, os corpos que "vestem" o Espírito se acomodam do mais sutil até o mais denso, em vários níveis vibratórios, em amplas latitudes siderais; do imaterial ao material, do imanifesto ao manifesto, do finito ao infinito, tantas são as moradas do Pai.

Pedimos maiores elucidações quanto ao Preto Velho "carregar" dentro de si saberes ancestrais iogues. Afinal, todo Preto Velho foi um ancião negro quando esteve na Terra?

A forma simbólica de apresentação de um Preto Velho na Umbanda traz vários significados, que deveriam ser amplamente conhecidos: sabedoria, prudência, serenidade, paciência, humildade, perseverança, dentre outros. Não o limitemos a uma mera forma física, corpórea, como se todos que assim se manifestem tivessem encarnado e se tornado negros velhos.

Muitos dos Pretos Velhos da Umbanda são antigos sábios que encontraram a iluminação e autorrealização espiritual. Genuínos iogues se fizerem unidade com Deus. Suas vontades são a perfeita representação da vontade divina, como féis procuradores da Lei Cósmica. Estão plenamente unidos com Deus em consciência, com imensurável amor e total renúncia a qualquer resíduo de ego. Trabalham a favor da redenção da humanidade, e seus poderes vão muito além do que é percebido nas consultas dos terreiros.

Outros tantos estão reencarnando, pela vontade divina, para serem médiuns líderes na Umbanda e auxiliarem a conduzir a massa umbandista a um novo patamar de consciência. Voltam à materialidade com a missão de educadores, inserindo valores da Religião Eterna na percepção interna das humanas criaturas do Ocidente: verdade, retidão, justiça, amor, paz e não violência.

Por favor, conte-nos uma ação de Preto Velho que demonstre ser ele um iogue.

Os mecanismos da natureza transcendental funcionam em perfeita sincronia e harmonia. Tudo no Universo acontece naturalmente pela vontade de Deus. Aqueles que nunca descascarem uma laranja não saberão como são os seus gomos. De modo semelhante, na visão do homem comum, é um empecilho o mecanismo do desdobramento espiritual, pois o processo lhe é desconhecido. O corpo astral do ser humano, ao se desprender do corpo físico, deixa-o inerte e "vazio", só fica a casca externa, assim como uma laranja oca.

O Preto Velho desdobra o seu médium impondo potente influxo magnético, direcionado pela sua firme vontade. Retira-o da armadura de carne e o conduz em veículo mais sutil, mas ainda material e denso, até a casa de uma pessoa encarnada, que esteve no terreiro durante a sessão de caridade no início da noite. Habita na residência da consulente uma entidade que se faz passar por seu ex-marido, desencarnado. Explora-a em suas carências afetivas e apego ao antigo companheiro. O sentimento de que sua vida perdeu o sentido é a ligação para que o obsessor venha se aproveitar. Por intermédio da oração e do pedido sincero de amparo, o Preto Velho desdobra a atendida, e ela assiste e vê a cena, dando-se conta de que estava sendo ludibriada. O médium desdobrado em transe, acostado com o Preto Velho em seus centros vitais (chacras), por sua vez encosta a mão na testa da entidade e a "doutrina". O Espírito perturbado e mistificador perde sua força e é conduzido para outra esfera vibratória, fora dos estreitos laços que o uniam em vampirização fluídica à viúva saudosa.

Como disse anteriormente, vários dos Pretos Velhos da Umbanda, não todos, são antigos sábios, adestrados na arte milenar da *yoga*, união com Deus. Por amor e total renúncia ao ego, nunca desistiram da ação de auxiliar incondicionalmente a humanidade, em favor de sua redenção. Seus poderes, naturais à consciência divina que se uniram, vão muito além do que é percebido nos terreiros e da capacidade de entendimento que as palavras escritas poderiam descrever. Reafirmo que outros tantos estão reencarnando sem terem quaisquer carmas que exigissem isso. Reforço que reencarnam para conduzir a massa umbandista a outro patamar de consciência, inserindo-a definitivamente nos valores da Religião Eterna: verdade, retidão, amor, paz e não violência.

O alcance do passe fluídico depende somente da vontade do Preto Velho?

Sim, deveria ser assim, mas muitos médiuns "pulam" na frente e impõem a sua vontade, pretensiosamente dizendo-se "médiuns de cura". Em verdade, ninguém cura. Quem cura é o *atma* (ou *atman*), a essência do Espírito de Deus contido em cada alma. Se não for da vontade Divina, não haverá cura. Poderão ocorrer fenômenos externos que impressionem os curiosos, mas não são perenes, assim como a água vaza em vaso rachado.

A consciência do Preto Velho é unidade com a Consciência Divina Criadora, que o faz agir até o limite que não ultrapasse o merecimento do consulente. A partir daí, é graça divina e o poder do próprio Espírito do consulente em união com Deus.

O que significa o médium "pular" na frente?

O médium não deixa a entidade dar a sua mensagem. Sua ansiedade, baixa autoestima e necessidade de aprovação, vaidade e outros recalques psíquicos interferem na comunicação. Trata-se de um sério "ruído" no intercâmbio mediúnico, no mais das vezes um animismo vicioso, noutras, a mais sórdida mistificação.

Qual a diferença entre animismo e mistificação?

O animismo é um exaltado estado da alma do médium, fazendo com que ele interponha a sua opinião nas comunicações mediúnicas. Acontece naturalmente e não é intencional. É preciso reduzir o fenômeno, o que o torna saudável e fruto do estudo e conhecimento do médium. Nunca existirá um médium totalmente fiel às comunicações dos Espíritos, pois mesmo os inconscientes, raríssimos na atualidade, passam alguma coisa de si para as mensagens.

Por outro lado, a mistificação é intencional, o sujeito finge ser o que não é. É grave falta de caráter e ainda pode dar abertura para interferência de entidades mistificadoras. Sem dúvida, nesses casos, faltam a conduta moral e a integração incondicional aos preceitos sublimes da vida espiritual superior. Se o médium pautar todos os seus atos e subordinar seus pensamentos a valores de caráter elevado, ele há de se conectar definitivamente às entidades superiores que regem a sua mediunidade. A verdade, a retidão, o amor, o desinteresse, a renúncia, a humildade e o amor são as virtudes que atraem os Espíritos de luz, absolutamente incapazes de agir de modo mistificador ou com intenções malévolas disfarçadas.

Com o afastamento dos Espíritos mistificadores, o médium abstém-se de mistificar?

Isso não será resolvido com o simples afastamento dos Espíritos mistificadores dos médiuns. O espanador enxota as moscas das fezes da vaca, mas logo elas voltam. Todavia, ao se transformarem em adubo, renovam a terra, e as moscas não mais retornam. Similarmente, o afastamento definitivo de Espíritos levianos depende da transformação moral dos médiuns e do seu sincero desinteresse com a sua mediunidade, que deve ser instrumento de renovação da coletividade humana. Assim como o adubo vitaliza os jardins floridos, a mediunidade deve fortalecer a fé e a espiritualidade dos homens.

Qual o significado de graça divina?

Ao verem um avião voando nos céus, as criaturas no solo sabem que existe um piloto conduzindo a aeronave da cabina, mesmo sem nunca terem voado. Todavia, têm escassa fé que dentro delas está Deus e Ele as conduz. Aquilo que o homem não vê ou escuta com os sentidos ordinários ilude-o na crença de que não existe – o real e permanente torna-se irreal e desconhecido –, uma falsa percepção da mente. Os mecanismos mais profundos das enfermidades devem-se ao afastamento do homem da sua Essência Divina, que habita nele mesmo. Se essa reconexão é feita, cessa a necessidade de intercessores externos, e o próprio ente torna-se ferramenta de sua autocura e graça divina. Por enquanto, tomemos passes com médiuns, busquemos curandeiros, louvemos sacerdotes e gurus, façamos promessas para os santos, oferendemos às deidades, busquemos os milagres, estacionemos na dualidade da separação, até que a unidade em Deus nasça definitivamente nos corações das humanas criaturas.

Lembre-se: "Vós sois deuses", disse Jesus.

Como devemos nos educar para não ficarmos presos, após a morte física, em nossas criações mentais no Plano Astral?

Educando a mente. Se a mente é escrava da imaginação, por meio de criações que exigem a satisfação dos sentidos corpóreos para "acalmá-la", é obvio que ao fim do corpo físico cessarão as sensações que a satisfazem.

Um gafanhoto troca de pele e pula para frente. O homem morre e anda para trás. Sua mente não sai do lugar, se "agarra" aos despojos cadavéricos que não a fazem mais gozar os sentidos. Sem o envoltório físico, a mente atrairá ou será atraída para os encarnados que vibram em similitude de pensamentos.

Pensar não significa ter consciência do que se pensa. A consciência está desperta quando discerne (enxerga) o que se pensa, como a coruja no galho que espreita a presa rastejante de noite. "São os olhos a lâmpada do corpo", disse Jesus aos fariseus. Enquanto não se desenvolver a "visão" do pensar, o homem será fantoche de si mesmo. Assim, a esfera ou bolha astral que a mente plasma é potente aglutinador de energias que aprisiona seu criador, entidade astral recém-desencarnada, como o rato nas garras da coruja.

Os pensamentos prejudicam a concentração. Como "deixar" de pensar, esvaziar a mente, para "firmar a cabeça" e a sintonia ser boa nos trabalhos mediúnicos?

O condicionamento da mente é estar sempre pensando. Inicialmente, quando se tenta interromper esse costume, a mente se rebela, as emoções se agitam, e o corpo físico se inquieta. É preciso "esvaziar" lentamente a mente. O ventilador continua a girar as pás mesmo depois que é desligado. A melhor maneira de o médium firmar a sua cabeça, esvaziando os pensamentos agitados, é desviar sua atenção para tópicos espirituais: a imagem no altar, uma breve leitura edificante antes do silêncio e reflexão. No início dos trabalhos, os cânticos devocionais "prenderão" sua atenção, mas se estiver concentrado, com a atenção unidirecionada ao guia espiritual, a sintonia será mais fluida e menos anímica.

Infelizmente, a maioria dos homens se limita a partir de sua origem, não se reconhecendo como um ser divino. Um peixe é colocado em um aquário de ouro cheio de pedras preciosas e só desejará voltar para o mar. Do mesmo modo, o ser humano provém da natureza de Deus, do oceano de bem-aventurança, mas se encanta com os ouros do mundo. Essa é a fonte da agitação mental, o apego às joias terrenas, passageiras e fugazes.

Por que é tão difícil aquietar a mente?

Na atualidade, as pessoas estão sendo submetidas a bombardeios mentais diários, pelo excesso de estímulos e de tecnologia sem uso equilibrado. Assim como a natureza do rato é mordiscar e da serpente atacar e morder, a natureza da mente é estar "ocupada". Entende-se que o método correto para lidar com a mente é ocupá-la com atividades de boas ações e associação com pessoas de caráter elevado. Nesse sentido, o serviço devocional em organizações espiritualistas sérias, a meditação, o estudo contínuo, a participação de cerimoniais com o intercâmbio entre devotos, independentemente de denominações religiosas terrenas, são maneiras de ocupar a mente positivamente e, pouco a pouco, discipliná-la com bons pensamentos.

Como se livrar dos maus pensamentos?

Não lute com eles. Reconheça-os, sem culpa. Não ceda a eles e deixe-os ir, agradecendo ao seu *atma* – Espírito – pela oportunidade de percebê-los conscientemente. Se você brigar com eles e suprimi-los artificialmente, colocará serpentes venenosas dentro de um cesto, que a qualquer momento saltarão para fora. A maneira de modificar os maus pensamentos e impulsos é ter pensamentos de servir a Deus servindo o ser humano.

O serviço caritativo em associação com outros servidores vai modificando ações e palavras. A repercussão dos bons atos enterrará as sementes das más ações e dos pensamentos ruins. As sementes enterradas em cova funda não germinam, apodrecem e se desintegram. Os bons pensamentos e as boas ações, quando renovadas com disciplina, soterram as más sementes tão profundamente que elas morrerão e deixarão de estar aptas para despertar. A ação renovadora se dá do consciente para o inconsciente, inicialmente bloqueando os impulsos atávicos e, posteriormente, "matando-os" em definitivo.

Sobre os cordões energéticos, criados pela mente, que nos amarram ao ego, pode nos dar maiores esclarecimentos?

O ego é o defensor da personalidade e de tudo aquilo que ela representa no mundo transitório. A personalidade por si é transitória. Morre o indivíduo e ela deixa de existir, tornando-se uma projeção no Plano Astral, como se uma personagem de um filme se rebelasse no seu final.

Quando o ego domina a mente, situação comum em quase todos os seres humanos, similarmente à banana que hipnotiza o macaco esfomeado e ladrão, potentes cordões energéticos amarram o indivíduo naquilo que ele pensa ser, mas não é verdadeiramente. O doutor, o político, o ator, o sacerdote, o fazendeiro, o engenheiro, o pai, a mãe, o rico, o pobre, o feio e o belo são o que as pessoas pensam ser, consequência da mente "amarrada" à vontade do ego. Desencarnam e plasmam esferas às suas voltas que mantêm as personagens que viveram presas dentro dessas "bolhas", mesmo que o filme da vida tenha acabado. São essas fixações mentais que as mantêm prisioneiras perpétuas dos renascimentos sucessivos em planetas materiais, assim como é certo que as folhas das árvores caem e secam no chão. Desse modo, serão atraídas para novos ventres maternos humanos.

Esses cordões energéticos são alimentados pelos hábitos cristalizados que enrijecem o padrão de comportamento. São aquelas personagens imutáveis, como navios ancorados no cais do porto, amarrados em potentes cordas, de nós de marinheiro, que nunca os permitem navegar.

Enfim, como poderemos alterar os registros inconscientes e os hábitos que sustentam os comportamentos equivocados que nos enredam nos renascimentos sucessivos?

Primeiramente, é necessário aprender a perceber os hábitos. A minhoca rasteja no interior do solo úmido e não percebe o sabiá que a comerá. Todavia, o gavião voa alto e observa o sabiá. Nessa "parábola", a minhoca é o objeto da satisfação do sentido, e o sabiá é o par gêmeo mente-ego. O gavião é o intelecto associado à inteligência do Eu Superior ou *budhi*. Para perceber-se, é preciso libertar-se do comodismo de rastejar como escravo dos sentidos. Perceber-se é aprender a voar para cima (discernimento) para olhar-se em baixo (pensamentos) e, finalmente, não ceder à força dos maus hábitos.

A mudança de hábitos deve ser decorrência natural da incessante busca interior de um modelo de caráter elevado. Essa é a grande batalha da vida, para a qual todos retornaram aos corpos físicos. O campo de ação é agora na Terra, e não depois no Além. Ademais, os que buscam com afinco a espiritualidade desejosos do fruto da ação espiritual em benefício próprio, seja no presente ou no futuro além-túmulo, não vencerão o principal adversário dessa luta antiquíssima, que é o egoísmo, e inevitavelmente voltarão a renascer.

Pedimos maiores elucidações sobre os bolsões de almas atormentadas no Plano Astral inferior?

As algas são atraídas para a beira da praia pela correnteza da tempestade em alto-mar. Similarmente, miríades de almas aflitas são arrastadas pela correnteza de tormentos afins. Os semelhantes "embolsam-se" como pacotes fechados em um contêiner. Forte imantação mental coletiva os mantém encarcerados nesses bolsões vibratórios gigantescos, como filhotes indefesos de canguru. Infelizmente, são comuns esses bolsões no Plano Astral inferior, em perturbador jardim de esferas, que ao invés de ser o éden florido do paraíso imaginário das religiões salvacionistas, é a dura realidade da máxima "a semeadura é livre, e a colheita obrigatória".

Por favor, nos esclareça melhor a afirmativa "filhotes indefesos de canguru".

O filhote de canguru, mesmo tendo alcançado peso e tamanho suficientes para viver fora da bolsa protetora da mãe, não é incomum agarrar-se e se recusar a sair para as savanas. De forma similar, os homens se agarram às "facilidades" da vida mundana transitória e não se ocupam em desenvolver uma consciência transcendental. Passam-se os anos rapidamente, e à beira do limiar do túmulo, quando deveriam soltar o corpo físico e deixar o Espírito fluir, cravam as garras do apego terreno às carnes enrugadas e, amedrontados, "nascem" do outro lado da vida prisioneiros dos bolsões que eles mesmos criaram.

Todo médium está em tratamento de emergência?

Num hospital nem todos os pacientes estão na emergência. Há os que se encontram em recuperação, outros conseguiram alta e continuam com o tratamento prescrito. Há os que desistem de tratar-se e há os que falecem. Nas estatísticas do lado de cá, poucos se curam de fato ao retornarem para o Além.

Os médiuns que estão aguardando a reencarnação, na fila de espera por um novo corpo físico, anseiam o tratamento de urgência, seja ele qual for. Antes de renascerem, são conscientes e sabedores que se encontram em fase terminal de séria enfermidade espiritual. Embora a essência do Espírito não adoeça, os seus envoltórios, os corpos sutis, adoecem. As mangas apodrecem nos galhos se não colhidas a tempo, todavia a mangueira permanece sadia.

Ocorre que quando os médiuns estão encarnados, se esquecem do comprometimento assumido de seguir o tratamento de urgência e deixam-se envolver pelas luzes fugazes do mundo objetivo, efêmero, transitório e impermanente. Outros não desistem da mediunidade, mas buscam adaptá-la às facilidades da modernidade, por ser mais cômodo atender aos consulentes em casa ou num espaço próprio do que no terreiro ou no centro. No mais das vezes, não deixam de praticar a mediunidade, somente tornam-se instrumentos de sagazes Espíritos das sombras ao invés de seus abnegados mentores, que foram "esquecidos" no Além.

Explique-nos, no contexto umbandista, sobre os valores da Religião Eterna: verdade, retidão, amor, paz e não violência.

Tudo no Universo está em constante transformação. A consciência que não se altera, que tudo sabe, é a "Mente Universal", é Deus.

A massa de médiuns umbandistas hoje é preponderantemente consciente, se lembram do que ocorre durante os transes mediúnicos, em menor ou maior grau. Quanto mais os adeptos amadurecem, mais ampliam o caráter e a percepção consciente da atuação espiritual. Assim como o arroz cresce em solo aquoso, a mediunidade se amplia pela irradiação intuitiva neste início de Terceiro Milênio.

O impacto da mediunidade consciente na educação do ser humano é avassalador. Cairão os mistificadores e fracos de caráter, de tal maneira como um rio tempestuoso faz cair as ribanceiras de terra que se opõem à sua força. É preciso construir pontes internas firmes, para que se suporte em pé a avalanche da mediunidade consciente no início do Terceiro Milênio.

No atual contexto, a educação tem que se alicerçar no estudo sistematizado associado à prática. O médico não confunde o bisturi com uma faca de cortar manteiga. Semelhantemente, a vivência umbandista não deve ser somente empírica, ou seja, não bastam os rodopios e as danças durante as sessões de desenvolvimento mediúnico, pois é necessário o estudo com o treinamento da percepção e ampliação do discernimento para a adequada interiorização dos valores universais da Religião Eterna, a saber:

* **Verdade** – o sacerdote e médium umbandistas devem ter uma conduta verdadeira. Veracidade no falar e no agir, com fidelidade no que vivencia. Dizer-se inconsciente, mas não o ser é falha grave na execução do propósito da vida humana e, especialmente, na do médium sacerdote de Umbanda.

* **Retidão** – agir com justiça e equanimidade. Comportamento e atitude fidedignos à imparcialidade dos fatos, sem favorecimentos influenciados por simpatias pessoais. Não agradar os que o agradam e desagradar os que o desagradam. A serenidade da genuína equanimidade é não ter apego ou aversão; gostar do que lhe é simpático e desgostar do que o antagoniza são atitudes que o levam a viver na gangorra das emoções descontroladas.

* **Amor** – o amor genuíno não gera apego e liberta. Perceber Deus como o morador interno de cada criatura desenvolve respeito incondicional. O serviço ao ser humano é puro exercício amoroso quando os frutos da ação são oferecidos a Deus. Dispor-se a doar-se sem quaisquer interesses pessoais, aos guias e mentores, para fazer a caridade, é uma das maiores oferendas que se pode realizar. Acima desta, somente a oferta da própria vida para salvar outras, ápice de amor para a compreensão do senso comum humano.

* **Paz** – a paz interior é alcançada quando se exercita a verdade e a retidão. A consciência tranquila com o dever cumprido, dentro do propósito de vida, é a pérola oculta que o mergulho raso não alcança. Nas profundezas do autoconhecimento, chega-se à paz interior. Os médiuns umbandistas devem ser pacificadores, e nunca fomentarem demandas, seja com quem for, seja por qual motivo for. Todavia, um pacificador não teme a "guerra" sem renunciar a paz. As atitudes pessoais, ao lidarmos com os conflitos, exige a coragem de se deixar vencer, pois de regra os covardes não admitem perder, movidos pela ausência de paz interior. Ao exigirem ser reconhecidos como vitoriosos, fraquejam na retidão e acabam sendo vencidos por si mesmos, pela vaidade e pelo orgulho do ego.

* **Não violência** – um pacificador, que fala a verdade e se comporta com retidão, respeita a dor e o sofrimento do outro sem abusar de suas fragilidades. Não amplia o sofrimento, não mente, não explora e não vive do ganho diante das mazelas humanas. Sem dúvida, o mandamento maior da não violência é não matar, o que inclui os irmãos menores do orbe, ou seja, os animais.

Os consulentes contribuem com a Umbanda no esclarecimento para a autorrealização espiritual?

Muito pouco. As inconveniências e as decepções mais comuns na Umbanda ainda são mais próprias da imprudência dos consulentes ignorantes das leis espirituais, que por isso têm os médiuns de terreiro na conta de oráculos infalíveis e capazes de resolver todos os problemas complexos da vida. No entanto, os médiuns, como seres humanos imperfeitos que são, precisam vencer a si mesmos (ego) e não se envaidecerem por serem procurados como "abre-te, sésamo" para as soluções mais excêntricas.

Não é incomum, em casas umbandistas de caridade, gratuitas, os consulentes oferecerem pagamentos por serviços espirituais encomendados, tentando corromper os médiuns.

A linha que mantém a pipa no alto deve ser forte o suficiente para o vento repentino não a arrebentar. O caráter forte é tecido com fio inquebrantável da verdade e da retidão, suporta as tentações que vão e vêm como brisa. A ventania, os tornados e as tempestades são para os fracos de espírito e de caráter duvidosos.

Se um templo é construído de torrões de barro dos interesses mundanos, qualquer tempestade o transforma em lama. Todavia, se levantado pedra sob pedra do desinteresse do fruto das ações, a água das tormentas saciará a sede dos homens de bem.

Vemos hoje muitos relatos nas redes sociais de pessoas desiludidas por abusos espirituais, de religiosos que se dizem de Umbanda. Em sua opinião, no que estamos falhando em conduzir o ser humano a encontrar respostas para a sua autorrealização espiritual?

A causa da "falha" de considerável parte do movimento umbandista origina-se do comportamento humano, do próprio modo de viver dos seus adeptos e médiuns. Não entendem o real significado da vida e carecem de um maior esforço espiritual, se é que existe algum esforço de melhoramento íntimo.

O caráter é sumamente importante em qualquer prática religiosa. Ele torna a vida de fato imortal, pois sobreviverá com a consciência após a morte física, sendo tudo o mais impermanente e momentâneo. Falta cumprir o dever da religião genuína, que é desenvolver um caráter inquebrantável nos devotos, sem qualquer traço de troca e mera satisfação de desejos mundanos do ego com a mediunidade praticada no contexto religioso.

Somente assim essa parte da massa umbandista, que por enquanto navega ao seu bel-prazer, sem quaisquer disciplinas e deveres éticos, encontrará o verdadeiro sentido para a autorrealização espiritual quando retornar para o Além. Em contrário, a prática religiosa causou-lhe maiores prejuízos. Seria melhor não ter praticado religião alguma.

A harmonia deve ser alcançada conscientemente pelo discernimento e pela imposição da vontade, que domina os pensamentos rebeldes, recheados de negatividade do ego, assim como o jardineiro arranca as ervas daninhas do entorno de valiosa tulipa.

Experiências fora do corpo físico

A experiência fora do corpo físico acontece naturalmente durante o sono físico. Muitos dos sonhos são imagens produzidas pelo subconsciente, repleto de estímulos mentais da agitada vida humana. Por outro lado, a mística que o Além oferece por intermédio do mediunismo com outras consciências espirituais do cosmo oferece plena confiança da unidade que impera na espiritualidade. Esse conhecimento leva os que experimentam a experiência extática continuadamente a uma paz de espírito indescritível.

Na Umbanda, pelo tempo normalmente necessário aos atendimentos, se exige um transe mediúnico longo, aliado à personificação dos Espíritos guias ou protetores, distintos em absoluto dos médiuns, inclusive com nome próprio, modo peculiar de falar, de agir e ser. Cria-se um bem-estar de êxtase aos encarnados. As vibrações mais elevadas e sutis dos Espíritos operantes nos terreiros, depois de algumas horas de intercâmbio mediúnico, repercutem vibratoriamente nos médiuns, dando-lhes uma paz e harmonia comparáveis às dos iniciados iogues após décadas de preparo.

Um rio revolto e desviado do seu eixo, ao encontrar novamente o leito de vazão para a devida correnteza, torna-se constante e regular. Similarmente, o transe na Umbanda coloca os médiuns nos "eixos", harmoniza a consciência e os chacras com o Espírito interno de cada ser. Todavia, muitos dirigentes se esquecem de instruir que o serviço não ocorre somente no terreiro, visto que continua nos desdobramentos durante o sono físico dos médiuns.

Quando se está desdobrado durante o sono físico, as capacidades psíquicas ficam aumentadas. É possível escutar e ver com todo o "corpo astral", como se todo ele fosse ouvidos e olhos. Essas percepções se referem ao corpo mental, e não ao veículo astral. É certo que ambos os corpos estão desdobrados, mas dissociados entre si quando se escuta e se enxerga em toda a região espacial à volta, como se os ouvidos, olhos e a mente fizessem parte de cada poro do corpo, que fica ampliado nessas ocasiões, como uma câmera fotográfica de 360 graus ao redor.

O estado corpo astral não é permanente. É um veículo temporário e sujeito à transitoriedade da manifestação do Espírito no Plano Astral, dado que essa dimensão vibratória ainda é material (matéria quintessenciada, mais sútil que a matéria terrena) e sujeita ao fim. O homem de consciência espiritual avantajada terá um corpo astral bem delineado, plenamente formado, como se fosse uma tela artística retratando fielmente o sujeito que emprestou temporariamente sua imagem para o pincel de habilidoso artista. O materialista sensório tem esse envoltório como se fosse uma caricatura mal desenhada de seu molde físico, por vezes em formas animalizadas. Entre os dois extremos, do ente apegado ao sensório – animalesco, mesquinho e individualista – e do indivíduo fraterno – amoroso, altruísta e desinteressado –, há muitos níveis vibratórios, que determinam o estágio da densidade do corpo astral.

O corpo físico e o duplo etérico (ou duplo etéreo) constituem os veículos mais densos e grosseiros de manifestação do Espírito. Se o corpo físico é um barco à deriva no mar revolto de vícios, sensações e hábitos rasteiros, exageradamente valorizados pela maioria dos cidadãos, como, por exemplo, a gula, o sexo, as drogas e as bebidas alcoólicas, maiores serão as dificuldades para os desdobramentos conscientes. O duplo etérico, sendo uma cópia do corpo físico, espécie de negativo fotográfico, adensa-se proporcionalmente à vida desregrada na carne, aumentando o magnetismo animal que o envolve.

Quanto aos hábitos perniciosos, o carnivorismo atua "inflando" o corpo etérico, deixando-o intumescido, de odor desagradável, com intensas emanações pútridas e pegajosas nos chacras. O álcool é potente detonador desse veículo eterizado. Por ser altamente volátil, repercute destrutivamente na tessitura do duplo etérico. Nos estados de embriaguez, os eflúvios oriundos desses compostos alcoólicos, ricos em átomos de carbono saturados que oxidam rápido em contato com o metabolismo corpóreo, encharcam destrutivamente o duplo etéreo, "desacoplando-o" com violência do corpo astral. É como se uma porta ficasse aberta para os insaciáveis bebedores do além-túmulo, que ocuparão essa janela vibratória, ávidos por uma caneca viva.

Obviamente, de nada adiantam os hábitos saudáveis para a manutenção dos veículos astral, etérico e físico se os pensamentos estiverem desalinhados, negativos e recheados de egoísmo, ódio e vaidade. Por intermédio das sinapses nervosas do cérebro, que descem por impulsos elétricos pela medula espinhal e suas ramificações por todo o corpo físico, eles afetam as glândulas endócrinas, desestabilizando-as, enquanto os chacras se desalinharão em seus giros.

A harmonia deve ser alcançada conscientemente pelo discernimento e pela imposição da vontade, que domina os pensamentos rebeldes, recheados de negatividade do ego, assim como o jardineiro arranca as ervas daninhas do entorno de valiosa tulipa. Com isso advém a calma, a serenidade e o relaxamento psíquico, que são fundamentais à prática de meditação, que abre o canal da mente com as ideações do Eu Superior, expandindo a consciência. Desse modo, sutiliza-se aos poucos o duplo etérico pelo domínio do corpo físico, que será o seu servo e não mais o carrasco impiedoso dos instintos sensórios descontrolados, ampliando-se as percepções do Universo sutil dos planos astral e mental.

O corpo astral, onde se localiza a sede das sensações, é muito sensível às emoções e aos sentimentos. Tem seus receptores nos chacras inferiores: cardíaco, gástrico, esplênico e básico. É importante observar que há duas formas peculiares de incursão no Plano Astral. A costumeira, de maiores riscos e que se pode ser mais facilmente enganado, é quando se está desdobrado no corpo astral projetado no Plano Astral. É oportuno esclarecer novamente que nem todo desdobramento é uma projeção, pode-se estar desdobrado em corpo astral no plano físico, como nas situações em que o indivíduo se vê fora do corpo caminhando em sua residência ou pairando acima da cama. Por vezes se toca os objetos, e a mão os penetra como se não existissem de fato, pois o mais fluido e rarefeito penetra o concreto – a mão do corpo astral é matéria menos densa que a matéria física terrena. Por outro lado, quando se está em desdobramento projetivo no Plano Astral utilizando o corpo astral, há a possibilidade de ser enganado com regularidade por suas próprias emoções deseducadas, como formas-pensamento e ideoplastias criadas e atraídas dos seus adestrados habitantes, falsas impressões psíquicas visuais e auditivas, pensadas pelos moradores astralinos, que se encontram contrariados com os visitantes "intrusos".

Os corpos sutis inferiores são desdobrados e projetados no Plano Astral, sendo instrumentos para as catarses que liberam os Espíritos sofredores e consulentes aflitos em transtornos anímicos obsessivos.

As especificidades individuais de cada médium são únicas, sendo que, em uns, nos apoiamos em seus corpos astrais e, em outros, em seus corpos mentais. As ovelhas vivem nos gramados verdejantes, os tubarões nadam nas águas profundas, os vermes rastejam no interior escuro do húmus putrefato, e as pombas planam nos ares acima das casas, o que significa que no mundo físico cada ser vivo habita o meio que lhe é afim para a vida.

Assim, nos planos suprafísicos, os homens sintonizam com vibrações adequadas ao seu alcance psíquico e de acordo com as percepções desenvolvidas ao longo da sua existência espiritual. As marrecas não sobem em bananeiras, os macacos não colocam ovos, os cães não andam pulando nas árvores de galho em galho, e os humanos não andam de cabeça para baixo. Podemos concluir que as conexões da cadeia evolutiva e espiritual da Terra, em toda a sua plenitude e esferas dimensionais, fogem à compreensão dos cidadãos comuns, pela superficialidade temporal com que observam as coisas da Natureza Cósmica que rege os movimentos ascensionais da sua espécie.

Os médiuns que lidam com a magia, que manipulam energias telúricas relacionadas com os quatro elementos planetários – ar, terra, fogo e água –, aliadas à enorme quantidade de éter e ectoplasma que envolve os trabalhos espirituais nos terreiros, acabam desenvolvendo intenso poder mental pelas seguidas concentrações que se exige na Umbanda. Repulsas, ódios, ciúmes e aversões inconscientes plasmam formas-pensamento agressivas, que tranquilamente podem se comportar como verdadeiros enfeitiçamentos, a ponto de "atacarem" os alvos visados.

Afora essas peculiaridades das emanações mentais, é perfeitamente comum ao encarnado se desdobrar e, fora do corpo físico, tentar executar os mais sórdidos intentos, acompanhado da egrégora criada pela plasticidade do Plano Astral, como personagem que volta ao cenário reconstruído do *set* de filmagem. No caso específico, a sensibilidade psíquica, altamente impressionável para ser instrumento do lado de cá, também o é em face dos Espíritos encarnados. As mentes emissoras independem do envoltório carnal.

Por exemplo, num momento em que o corpo etérico está levemente desprendido durante os atendimentos, pode ocorrer de um flechaço mental de baixas vibrações emitido por um encarnado enciumado de outro na corrente mediúnica fixar-se mentalmente no outro médium que, por sua vez, é seu desafeto, a ponto de essa ligação se "materializar" no Plano Astral durante o sono físico. O impulso mental alimentado por forte emoção é denso e destrutivo como uma bola de fogo atirada por um canhão. Essa é uma ocorrência em que o

Espírito assediante se vê em um instante tomado de fúria incontrolável. Literalmente, enquanto dormem, se encontrarão naturalmente desdobrados, se atrairão e se agredirão, como raios que são atraídos para o solo, emitindo chispas flamejantes de ódio e raiva.

Os assédios entre encarnados fora do corpo físico são amplos e costumeiros, ocorrendo todas as noites durante o sono físico em grande parte dos cidadãos. O encarnado adormecido assume "personalidade" que o liga, pelos laços inconscientes do passado, aos seus automatismos comportamentais e aos liames imorais contra outros encarnados. As obsessões entre encarnados, ordinariamente, demonstram que muitas vezes não basta a aparência social perante a coletividade se o ente não interiorizou o comportamento de caráter elevado.

Por outro lado, em médiuns que não aprofundaram o processo de autoconhecimento, esses ataques psíquicos se mostram mais temíveis, pois existem hordas de Espíritos desocupados no além-túmulo, ávidos de prestar serviços desditosos para "cavalos" deseducados, aos quais se vinculam como se invadissem uma construção abandonada.

Dessa forma, os pensamentos de ódio, cobiça de bens materiais, ciúme, lascívia, inveja, quando conjugados com o ato de vontade do medianeiro, estabelecem condições mentais para a atuação no desprendimento em corpo astral, que imediatamente se projeta ao objetivo estabelecido pela mente do sensitivo. Isso feito, os desejos irrompidos de vingança, sexo, comida e bebidas são facilmente realizados nos "sonhos" realísticos dos cidadãos: a vizinha sensual se torna dócil presa; o chefe déspota do escritório é sadicamente estrangulado; as drogas, bebidas e finas iguarias sobram em mesas bem-postas; a colega concorrente à promoção é enforcada; o carro novo do cunhado é todo amassado; e assim, sucessivamente, vão os homens dando vasão aos seus sentimentos represados pela capa hipócrita de que se vestem nas suas vidas diárias.

A mente é potente dínamo, e os pensamentos são energia, formando matéria etéreo-astral. Além dos encarnados fora do corpo físico e dos desencarnados, não nos esqueçamos das formas-pensamento que pairam na crosta planetária, todos compondo a orquestra das fraquezas psicológicas, como frustrações, medos, traumas, contrariedades, insânias, irritações e o maior dos adubos que fortalecem as movimentações dos seres: a busca dos gozos sensórios. Embora a grande massa da população não domine conscientemente as saídas do corpo físico, isso não quer dizer que não efetuem excursões em desdobramento.

Sem dúvida, as reverberações do inconsciente para o consciente existencial do Espírito influenciam seus automatismos de comportamento no corpo físico e, mais intensamente, fora dele. Um exemplo é o de um pai que assedia a filha durante o sono para concretização de intercurso sexual, sendo que em existência pregressa foram amantes, aflorando a atração do atual progenitor, sem causa aparente, na adolescência da jovem. O presente e o passado se misturam. A mente, quando liberta das grades retificativas do corpo físico, se amotina, assumindo comportamento rebelde em corpo astral. No atavismo que é próprio aos homens, pode-se verificar que o ser é único, atemporal. As reminiscências latejantes do passado, quando não desbastadas pela profunda mudança interior do indivíduo, acabam se transformando em ações, no vasto território do psiquismo, que derrubam as muralhas impostas no presente, buscando as satisfações dos desejos reprimidos.

Pai Tomé responde

É possível diferenciar o sonho com imagens produzidas pelo subconsciente de uma experiência genuína em desdobramento?

Quanto mais disciplinado o indivíduo for na educação das emoções, em qualquer situação, alcançará um melhor padrão de autocontrole psíquico mental. A percepção do que é sonho, logo imaginação onírica, da experiência real de desdobramento, dá-se por um fato simples: as emoções geradas pelo sonho fluem de dentro para fora, assim como se sente uma cólica ou queimação no estômago, sensações estas associadas às imagens mentais, tal uma arma de fogo que só dispara apertando-se o gatilho.

As imagens são os detonadores do sentir. Imagens estas em sonhos do homem comum, desconexas e disformes. Por outro lado, o corpo astral de fato desdobrado oferece imagens nítidas e com sequência lógica dos fatos. As emoções são sentidas de fora para dentro, como ondas de "ar" que batem na pele de um homem desnudo, que sentirá frio se estiver na neve e calor se andar no deserto.

A limpidez das percepções psíquicas do corpo astral, num ou noutro caso, será tanto maior quanto mais o corpo físico estiver limpo de impurezas geradas pela escravidão sensória da mente aos objetos dos sentidos. Um espelho sujo não reflete a luz do Sol em plena luminosidade. Somente o adestramento da mente pelo autoconhecimento poderá propiciar de fato uma situação da outra.

As experiências de desdobramento são vívidas e não deixam nenhum resíduo de dúvida ou insegurança no médium, se este permitir a lembrança, o que nem sempre ocorre, para a segurança mediúnica. Os médiuns devem ocupar-se no estado de vigília, na iniciação de cada dia, exercitando o vencer a si mesmo, tantos são os testes na vida do encarnado. Se isso não é feito vitoriosamente na Terra, serão eternos derrotados no mundo astral, assim como as frutas podres não servem para fazer doces.

O desdobramento espiritual que acontece nos terreiros para que haja o transe é o mesmo que se dá durante o sono físico?

O desdobramento do corpo astral durante o sono físico difere dos que acontecem durante os transes mediúnicos nos terreiros. Embora as suas "funções" permaneçam as mesmas. Quando o corpo astral se desdobra com a indução magnética realizada pelos pontos cantados e aplicação de todo o ritual dinâmico da Umbanda, o médium não entra num estado letárgico como o atingido no período de sono. Não nos esqueçamos de que o corpo etérico é o mediador entre os corpos físico e astral: quanto mais afastado do duplo etérico, tanto maior o estado de sono. Isso não quer dizer maior ou menor lembrança da experiência ocorrida em desdobramento, o que está diretamente relacionado com a dilatação do corpo mental e a sutilização do corpo etérico como transmissor das impressões, como se "afrouxasse" a força atrativa de magnetismo animal que o retém imantado ao corpo de carne.

Nos atendimentos da Umbanda, o corpo etérico fica levemente desacoplado, facilitando a doação de energia animal sem os estados de desfalecimentos sonambúlicos. Durante o sono fisiológico, e com mais facilidade nos indivíduos espiritualizados, de bom caráter, vegetarianos e de vida frugal, ocorre um leve distanciamento do duplo etéreo, e durante o final da madrugada se intensifica esse "afrouxamento", como se fosse uma janela vibratória. Quando os corpos astral e mental retomam das suas viagens suprafísicas, esse veículo intermediário etérico desencaixado, como se estivesse suavemente pendido para um dos lados, num ângulo de até uns nove graus, propicia a percepção sensorial das ocorrências astrais. Esse "desencaixe" favorece a rememoração pelo estado semidesperto do órgão cerebral, que se encontra entre a vigília e o sono profundo, precisamente no instante do acoplamento do corpo astral ao corpo físico. Imagine um "*insight*" de alta voltagem nas sinapses nervosas no exato momento do encaixe dos corpos. É de bom termo um momento de prece e meditação antes de dormir, para que a vibração original do médium se eleve e facilite a sintonia com os guias espirituais durante o sono.

O transe mediúnico na Umbanda, para ser longo, é mantido pela irradiação intuitiva?

A hélice do ventilador apresenta maior resistência no início do giro, logo que se liga a tomada, consumindo maior carga de eletricidade. Quando está girando a plena velocidade, ao se desligar o interruptor continuará girando por um tempo sem maior resistência, pois a força dinâmica do movimento estará agindo. Similarmente, no início do transe mediúnico, o guia espiritual se "acopla" com maior carga de energia em seu médium, até que o giro dos seus chacras esteja condicionado à velocidade que absorva adequadamente a sua vibração. Sem dúvida, ajusta a frequência para o prolongamento do transe. O médium é a hélice, o acoplamento é o motor, e o guia é a energia impulsionadora. A irradiação intuitiva ocorre quando o guia diminui a influência direta da sua energia, afastando-se levemente do médium, assim como se diminui a velocidade do ventilador. Isso é necessário, pois os chacras do médium não suportariam a vibração mais alta do guia, assim como uma lâmpada queimaria se fosse ligada diretamente na usina geradora de eletricidade.

O transe na Umbanda coloca os médiuns nos "eixos" e harmoniza os chacras com a essência divina interna de cada ser. Afinal, se a essência divina está dentro de nós, qual o motivo de precisarmos dos transes com entidades do mundo astral?

Ao elevar a vibração original dos médiuns, os guias agem como se enchessem uma caixa-d'água. Essa água desce pelo cano quando se abre a torneira. Os canos são os nadis, sutis filamentos ou condutos energéticos que saem dos chacras e perpassam os corpos espirituais. Os fluídos inefáveis canalizados pela adestrada força de vontade dos guias descem por meio desses "encanamentos" internos e, naturalmente, propiciam indizível bem-estar, como a água que saciou a sede da Samaritana. Vocês precisam dos transes mediúnicos para beber dessa água, pois momentaneamente não têm força interior suficiente para encher a "caixa-d'água" e se conectarem com a essência divina interna.

O passado delituoso, afastado das Leis Divinas, bloqueia o acesso ao ser integral. A irresponsabilidade, o comodismo, os prazeres efêmeros e os interesses mercenários aniquilaram o programa redentor em vidas anteriores. A sensibilidade mediúnica atual exigiu avultadas energias dos guias no Astral. É motivo de gratidão e exercício humilde da tarefa que lhes cabe exercer como médiuns.

Por que as capacidades psíquicas se ampliam nos estados de desdobramentos?

O soldado medieval, quando não está no campo de batalha, livra-se da pesada armadura de ferro e caminha com maior desenvoltura. A armadura de carne que retém o corpo astral acoplado limita a percepção desse veículo da consciência. Ao se desdobrar, sair da prisão orgânica, o ser de fato se apropria de sua sensibilidade de sentir em amplo espectro, para além dos estreitos limites físicos. Esse sentir fora do corpo físico não significa obter percepções anormais de sua natureza original em estado de vigília.

Observe que o hipopótamo se banha feliz na lama, ao contrário dos sanhaços, que comem nos altos galhos das figueiras. Cada um sente em conformidade com sua vibração original. A densidade ou sutileza captada no mundo astral é sintonia de acordo com a antena psíquica de cada ser, assim como a formiga que carrega a folha não enxerga os detalhes das formas que as nuvens assumem nos céus. O diamante não deixa de ser diamante quando é jogado em uma poça de lodo putrefato.

O álcool é altamente destrutivo do duplo etéreo. Por que é consumido em larga escala em muitos terreiros?

Mesmo nos idos do século passado, raros foram os médiuns de efeitos físicos que manejavam a bebida alcoólica volatizando-a completamente pelo duplo etéreo. Eram verdadeiras usinas de reciclagem de "lixo" astral, faziam assepsia nas auras sujas e pegajosas de encarnados e desencarnados. Vivia-se a era da mediunidade fenomenal para se atrair os incrédulos para a realidade metafísica. Na atualidade, muitas agremiações estão dominadas por Espíritos beberrões, que necessitam altas ingestões para operarem na magia, paulatinamente viciando os médiuns, pois ficam resíduos etéricos do álcool em suas auras, quando não os deixam trôpegos, trocando pernas e falando com a língua engrolada.

Para se operar adequadamente na magia cerimonial umbandista, basta um pequeno recipiente com a bebida, o chamado curiador, sem a exigência de ingestão. O potencial energético não está na quantidade do elemento, e sim na capacidade do guia espiritual em potencializá-lo no éter, assim como a potência do oceano está num litro de água do mar.

De que maneira a meditação abre o canal da mente com as "ideações" do Eu Superior?

Vocês não são os corpos físicos, densos, impermanentes e transitórios. A meditação alivia a identificação da mente com os sentidos corpóreos. Nesse estado de "alívio", as intuições da alma imortal ou Eu Superior abrem-se como canal que deixa passar o navio. Meditar é, fundamentalmente, olhar-se e reconhecer-se. Ao se ver e se reconhecer, a mente se rende à vontade do praticante e "solta" os apegos e pensamentos negativos, abrindo-se aos poucos as comportas do canal que retém o fluxo divino de bem-aventurança que jaz no próprio interior do ser, emanação potencial do Espírito imortal.

Recomendamos a todos os médiuns meditarem diariamente, assim como que, nos dias de sessão de caridade, estejam com antecedência no espaço sagrado para se harmonizarem internamente, "calando" a mente tagarela, serenando o pensar e harmonizando as emoções. Sem autoconcentração e autodisciplina, organização, método e disciplina na vida diária, a meditação é uma utopia.

Fale-nos das catarses que liberam os Espíritos sofredores e consulentes aflitos que se encontram em transtornos anímicos obsessivos.

Ao olharmos para a manteiga, não enxergamos a vaca leiteira. O estado de ânimo ou anímico do obsediado é que fornece a substância ativa para o obsessor, assim como é necessário o leite para se bater até virar manteiga. Obviamente que, ao se mudar a disposição íntima do indivíduo, se alterará instantaneamente a sua sintonia externa, assim como o leite não batido não se transforma em requeijão nem em manteiga.

A mera catarse anímica mediúnica, a consagrada manifestação de Espírito sofredor, oferece alívio imediato, mas não duradouro, se os impulsos internos do obsediado não se alterarem, elevando-o a um novo padrão de entendimento de si mesmo. Não existe obsessão em que a responsabilidade é só do obsessor, sendo que a vítima de hoje foi o algoz de ontem.

Todavia, há o efeito benéfico dessas catarses. O contato fluídico do Espírito sofredor com a aura de um médium adestrado, que o atrai amparado pelo seu guia no Astral, libera-o, mesmo que momentaneamente, da força vital destrutiva que o subjuga. Nos casos em que o corpo astral da entidade atendida está com sofrimentos e deformações, a força centrípeta dos chacras do médium refaz a sua forma original. Imagine-se amarrado por firmes cordas com os braços e pernas entorpecidos em câimbras. Caridosamente, essas cordas são desatadas, e o bem-estar sentido.

Afirmo que isso é tratamento terapêutico vibratório de "choque", ao invés de terapia preventiva espiritual. O primeiro atua no efeito e é "socorrista", e o segundo atua na causa e antecipa os efeitos. Se os envolvidos não revirem suas atitudes, atrairão novamente os "velhos" comparsas que se acostumaram e os tormentos que chicoteiam seu psiquismo enfermo. Uma casa com as telhas quebradas sempre terá goteira. Em dia de tempestade, choverá nos quartos. A alma que não está com o telhado do autocontrole e a vigilância dos pensamentos preservados é semelhante a uma morada cheia de goteiras.

Os médiuns podem criar formas-pensamento agressivas e atacar os que o desagradam, mesmo sem intenção?

Não há dúvida. Mesmo que de forma intencional, o homem cria formas-pensamento selváticas. Ignora sua própria potencialidade subconsciente, tal qual o peixe criado no aquário que não conhece o mar. No mais das vezes, essas formas-pensamento agressivas são tão densas como o soco de um lutador medieval, o famoso "soco" na boca do estômago, quando a pessoa recebe o pensamento contra ela do emissor.

Os médiuns sem caráter desenvolvem um magnetismo pessoal malévolo, notadamente no olhar. Geralmente, criam uma carga fluídica perniciosa, na forma de pensamentos plasmados no éter astral, não diferente de um pincel que joga habilmente as tintas na tela. Pela lei de equilíbrio vibratório, assim como o raio se descarrega no solo, essas formas-pensamento precisam ser descarregadas sobre algo, isto é, os indivíduos que atraíram a atenção negativa dos seus criadores, os médiuns de mau-olhado.

É comum, em face do primarismo moral vigente na humanidade, inclusive entre adeptos de uma mesma corrente mediúnica, o intercâmbio de torpedos fluídicos lançados mentalmente uns contra os outros, com a carga explosiva da inveja, do ódio, do ciúme e da vingança.

O homem é poderosa fonte criadora, seja para o bem ou para o mal. Infelizmente, o senso comum que prepondera o faz rastejar sintonizado com as faixas inferiores de vida, selvagens, sensórias e instintivas.

Um passeio no umbral inferior

Relato de um médium sobre
uma viagem astral assistida[6]

Existe um Preto Velho, de nome Pai Quirino, que assiste regularmente ao Caboclo Supremo da Montanha e demais guias espirituais e que raramente se manifesta pela mecânica de incorporação nos terreiros, sendo por esse motivo pouco conhecido da maioria dos umbandistas. Contudo, trabalha arduamente no Plano Astral inferior, como auxiliar extrafísico, sendo "especialista" em incursões nas organizações das regiões umbralinas, onde atua como um tipo de "guia turístico" para grupos de medianeiros em visitação de estudo. Também realiza certos "desembaraços" em alguns trabalhos desobsessivos que requerem prévia conversação no astral com os líderes trevosos.

Explica-nos Pai Quirino:

---

[6] Este relato faz parte do livro *Jardim dos Orixás*. Por ser altamente revelador, transcrevi-o nesta obra para ilustrar e reforçar os ensinamentos de Pai Tomé.

"Há muitas coletividades de Espíritos maldosos com seus magos trevosos que, momentaneamente, não é dada autorização às falanges benfeitoras da Umbanda para reter ou efetuarem os desmanches delas, pois ainda não é justa e de direito tal ação, sendo que um dos motivos para tanto é que devemos aguardar a mudança moral e a elevação do caráter dos encarnados que as mantêm 'vivas' no Além. Em alguns atendimentos específicos a consulentes nos terreiros, se requer uma prévia comunicação aos seus líderes, o que não quer dizer acordo ou concessões que desrespeitem o livre-arbítrio, o merecimento ou a justiça pela qual a Umbanda se orienta. Cito os resgates que são feitos nas zonas abissais que eles controlam: os 'diálogos' prévios facilitam em muito o dispêndio desnecessário de energia, visto que, às vezes, se tratando do livramento de um pequeno número de sofredores torturados, mostramos a esses chefes das sombras o merecimento dos consulentes que obtiveram autorização dos maiorais do Astral Superior para que haja uma intercessão em socorro desses Espíritos presos, ou até de seus obsessores de aluguel. Como eles sabem que nesses casos a resistência resulta inócua, permitem sem maiores embates as incursões socorristas da Linha do Oriente, composta de exímios curadores das almas, situação que dispensa as trabalhosas demandas que movimentariam as imensas falanges e legiões de Espíritos que atuam nas vibrações dos Orixás Exu, Ogum e Xangô."

Na sua penúltima estada terrena, Pai Quirino foi um hábil evangelizador franciscano atuante nos pobres vilarejos cariocas, na época efervescente após o fim da escravidão, e muito auxiliou os negros doentes e maltrapilhos que deram início ao que resultou no cinturão de favelas que cercam a capital carioca.

Tendo fortes vínculos com esse bloco cármico de Espíritos desde épocas que remontam à escravidão do Império Romano, quando foi implacável e culto senador escravocrata, em sua última encarnação, no século passado, veio como negro na cidade do Rio de Janeiro. Tendo nascido e crescido no berço do samba, da mais pura boemia e malandragem carioca dos arcos da velha Lapa, desde criança mostrou-se um pacificador, incapaz de esmagar uma mosca, e de grande inteligência. Quando adulto, foi conhecido e perspicaz compositor, escrevendo várias marchas carnavalescas. Por intermédio de um padre da comunidade que realizava missas regulares na favela em que morava, teve contato com um alto dirigente da Secretaria de Segurança do Estado do Rio, tendo sido recrutado para ser "olheiro" – informante do serviço secreto do comando policial que combatia o tráfico e a prostituição.

Entre composições e saraus musicais na Escola de Samba do morro, completamente inserido na comunidade, ajudou a desarticular várias quadrilhas de traficantes e caftens em todo o ex-estado da Guanabara, comandadas por antigos generais e senadores romanos, encarnados numa minoria étnica e social excluída do progresso no Brasil contemporâneo. Por sua personalidade discreta e apaziguadora, seu arguto senso de observação e carisma inconfundível, nunca foi descoberto, tendo envelhecido calmamente como compositor musical famoso e secretamente se aposentado como agente de informação da polícia carioca. Nunca se casou, mas foi um inveterado namorador e pai amoroso com todos os seus vários filhos, não deixando nenhum desassistido.

Esse Preto Velho, Pai Quirino, apresenta-se à minha clarividência vestido todo de branco, tendo entre 60-70 anos, com um brilhante colete amarelo-dourado sobre uma camisa de alva seda reluzente. Muito sorridente, simpaticíssimo, de aguda inteligência, bem-falante e versátil comunicador, com aproximadamente 1,70m de altura, magro, de barba branca bem aparada e calvo. Quando se aproxima de minha sensibilidade psíquica, caminha num gingado matreiro, como se fosse um mestre-sala à frente de uma escola de samba, e me fala ao ouvido pausadamente: "Vamos, vamos, irmãozinho velho, sai do corpo, te mexe, Pai Quirino chegou para te levar a passear nos morros da verdadeira vida" – e dá uma sonora e gostosa gargalhada.

Certa noite me vi conduzido por esse arguto Preto Velho a um sítio do umbral inferior muito semelhante, em sua geografia astralina, às montanhas da Serra do Mar. Era um vale de um verde-escuro, abafado, parecendo floresta tropical, de um odor sulfuroso que de início fez arder um pouco o nariz, mas não a ponto de me transtornar. Mostrou-me várias construções feitas para os visitantes encarnados desdobrados durante o sono físico se deleitarem nos prazeres sensórios. Entre salões de jogos, refinados bares musicais com todo tipo de alcoólicos e entorpecentes, restaurantes com as mais finas iguarias que podemos conceber, boates e ruas de diversificado meretrício, surpreenderam-me as majestosas construções hoteleiras dessa estação de prazer umbralino.

O amigo, imediatamente "lendo" meus pensamentos, levou-me para conversar com um "gerente" de um desses hotéis. Com muita simpatia, fui informado que de momento não havia quartos disponíveis e que para os cômodos mais simples havia uma fila de espera de uma hora aproximadamente. Perguntei o motivo de tanta procura, e o "gerente" informou que aquele horário da noite era o pico do movimento nessa cidadela, colônia de todos os prazeres carnais para satisfazer aos encarnados. Se aguardássemos um pouco, mais próximo do amanhecer, muitos visitantes já teriam despertado no corpo físico, diminuindo a ocupação dos quartos. Diante da minha falta de entendimento do porquê dos hotéis e quartos, o gerente, muito amistoso pelo fato de eu estar acompanhado de Pai Quirino, informou, rindo maliciosamente, que os visitantes se hospedavam, iam jogar e beber nos cassinos e boates, depois voltavam acompanhados de belas e sensuais mulheres para terminarem o turismo noturno nas majestosas dependências dos confortáveis hotéis, uma mescla de encarnados desdobrados e desencarnados em busca de prazeres sensuais.

Continuamos nosso passeio. Minha estupefação apenas tinha começado. Pai Quirino me mostrou os outros hotéis e visitantes daquela estância "paradisíaca" do umbral inferior. Para minha completa surpresa, e pela limpidez clarividente que esse amigo proporcionou, enxerguei enormes grupos de agitados padres, monges, freis, internos e ascetas em geral, do catolicismo e de outras religiões da

Terra, projetados em seus corpos astrais, entregues à ansiedade alvoroçada diante da iminência de se abarrotarem nos prazeres terrenos. Pai Quirino me disse: "O Espírito não suporta um bloqueio abrupto de suas disposições mais íntimas...". Na sua simpatia, elegância e matreira espontaneidade, continuou o comentário:

"Muitos religiosos são beatos para os crentes da Terra, mas durante o desprendimento natural provocado pelo sono físico, se mostram legítimos obsessores das operárias do sexo. Sendo elas mulheres sensuais e libidinosas do astral inferior, endurecidas pelos sofrimentos e maus-tratos, na sua maioria são extremamente sinceras e fiéis aos seus ideais, embora tortuosos. Ao contrário da hipocrisia e dissimulação costumeira dos que as procuram para satisfazer seus desejos represados por compromissos religiosos na carne, de que no universo astral ficam desobrigados, como se estivessem em sonho prazeroso que ansiarão repetir novamente."

Quando Pai Quirino estava me dando essa última opinião, franca e sem receio como é do seu comportamento, sobre o assunto um tanto espinhoso diante dos atuais conceitos vigentes de moral, fiquei inseguro diante da sua exposição. Repentinamente o cenário à volta começou a se desvanecer. Imediatamente senti o magnetismo do Caboclo Xangô da Montanha juntamente com Ramatís, com o seu característico estilo de pensamento: conciso, direto e sem rodeios, retumbando no meio de minha cabeça astralina:

"Não deve estabelecer julgamentos, mesmo que detivesse a competência para tanto. Teu alcance moral é débil pela transitoriedade da atual personalidade que ocupa. Mantém a isenção e imparcialidade de ânimo, como mero repórter observador, para que consiga terminar o programa de visitação em curso com o amparo de Pai Quirino. Assim, serás auxiliado em tua memória ao acordar, condição essencial para um sensitivo escrevente e instrumento mediúnico consciente. Recomponha-te lembrando do legado de Jesus.

Mesmo com sua autoridade moral, ao invés de estabelecer julgamentos pessoais e punitivos, confortava e instruía, aliviando as almas 'pecadoras' de seus fardos, colocando-se acima das idiossincrasias dos homens. Preferiu, à companhia dos sacerdotes hipócritas dos templos, o socorro e alento aos despossuídos, nunca recusando o amparo aos mundanos discriminados e às prostitutas apedrejadas da época pelos falsos e frágeis valores morais dos poderosos."

Esforcei-me para manter o padrão vibracional à altura de Pai Quirino, sem influenciar-me tão facilmente pelo que estava vendo e ouvindo, ao menos a ponto de não obstruir a programação dos amigos espirituais pelo meu retorno antecipado ao corpo físico. Fiquei mais tranquilo ao saber que Supremo da Montanha e Ramatís estavam juntos, embora não os percebia em corpos astrais, pois são mestres com abrangente onisciência mental.

Em desdobramento clarividente com projeção do corpo astral às regiões umbralinas – às vezes estamos desdobrados, mas não estamos projetados, situações em que ficamos "flutuando" no quarto em cima da cama –, é de suma importância não perdermos a serenidade ou nos assustarmos, pois rebaixamo-nos vibratoriamente. Às vezes isso ocorre, principalmente nas primeiras experiências extracorpóreas, oportunidades em que o coração fisiológico dispara e aumenta a emissão de adrenalina excretada pelas glândulas suprarrenais, fazendo com que haja um estrondo pelo repuxo violento do cordão de prata que nos remete, como se fôssemos abruptamente empurrados, de volta ao corpo físico.

Continuando a visitação, estava curioso sobre o motivo de tanta simpatia e bom trato dos habitantes do complexo hoteleiro de diversão e deleite mundano para com os encarnados e como as construções eram mantidas, limpas e confortantes. Pai Quirino esclareceu:

"As energias densas liberadas pelos prazeres intensos dos encarnados são o verdadeiro alvo de todas estas construções, na verdade um bem arquitetado centro vampirizador de fluidos. Como bem tratadas vacas leiteiras ordenhadas em tantos litros diários de leite para o desjejum dos hóspedes de uma pousada rural, os visitantes ébrios de êxtase sensório são sugados o bastante para não ficarem completamente exauridos. O planejamento psicológico, sub-reptício, dos arquitetos das sombras, se fundamenta em criar dependência psíquica das fracas personalidades encarnadas, que represadas por vários motivos em suas satisfações animalescas na carne, encontram nestes antros os mais sórdidos recursos para se entregarem selvagemente. Quanto mais isso ocorre, mais se fortalece a organização trevosa, pelos intensos laços vibratórios que recrudescem na simbiose entre os habitantes encarnados da crosta e a coletividade que vive do vampirismo nas baixas zonas umbralinas, satisfazendo-se mutuamente."

Este Preto Velho amigo, Pai Quirino, me diz que foi feliz na roupagem de "malandro" e compositor carioca. Em suas palavras:

"Essa forma astral que adoto é uma maneira de continuar evoluindo e de prestar serviço para o movimento astral de Umbanda antes de reencarnarmos novamente. Ela me facilita o trânsito nas zonas umbralinas, em que tenho grande desenvoltura nesses antros de prazeres, pois os conheci pessoalmente. Durante o passar inexorável dos milênios, a maioria dos magos e líderes trevosos foram sacerdotes gentios e generais na época do domínio imperial dos romanos no Oriente. Eram ativos frequentadores dos regalos anestesiantes nas elitizadas saunas mantidas pela benevolência corrupta do poder do Império, do qual também fiz parte, me aproveitando das benesses como importante senador escravocrata, quando tive centenas de lindas e sensuais escravas."

Elucida ainda Pai Quirino:

"Nessa época remota, a água era uma preciosidade, e os banidos – prostitutas, aleijados, bêbados e leprosos, de uma forma geral

–, pelo poder religioso estabelecido dos sacerdotes que dominavam Jerusalém, eram proibidos de participar dos rituais judaicos, regulares, de purificação, que ocorriam no interior dos templos, sendo impedidos de adentrarem as piscinas. O costume da época preconizava a purificação pela imersão em água sempre que os crentes tocassem o sangue, tivessem contato com um cadáver de animal ou de homem, ou fossem a um cemitério, entre outros motivos. Consegui uma autorização de trânsito por essas cidadelas dos escravizados dos prazeres sensórios pelos juízes dos tribunais divinos do Astral Superior. Posso me movimentar livremente nestes sítios vibratórios. Conhecido que sou desde os irmãos da mão esquerda até os da mão direita do Cristo, vou fazendo a caridade, sendo soldado das falanges benfeitoras da Umbanda nesses antros de perdição. Sem julgamentos, de acordo com a minha índole espiritual, o que ficaria impossível para consciências belicosas ou ainda garroteadas aos limitados julgamentos morais dos homens e das religiões terrenas punitivas. Continuo evoluindo como defunto, seguindo à risca o que nos é determinado pelos que têm competência no Plano Astral superior, que está em conformidade com o resgate de meus desvios do passado e o avanço do merecido programa cármico. Fica a mensagem de que podemos nos melhorar após a passagem pelo sepulcro na Terra e aperfeiçoar-nos para a grande prova da encarnação, pois somente por meio dela alcançaremos a liberação da prisão que nos colocamos. Todavia, reflitamos que o amor interiorizado pelas ações realizadas independe do paletó pesado de nervos e carnes. A Umbanda dá infinitas oportunidades para os excluídos de outras religiões continuarem aprendendo a amar nos diversos subníveis vibratórios do Plano Astral, pois não os manda para as labaredas infernais, não os coloca dormindo no céu até o próximo mergulho na carne e muito menos discrimina nas suas formas astrais os Espíritos que se dispõem a trabalhar arduamente na linha de frente da batalha de justiça cósmica. As Leis Divinas são iguais e indistintas. Todos são bem-vindos no rumo do Pai, que é todo amor e justiça e a cada um dá a tarefa para a sua justa remissão, de acordo com as capacidades e aquisições da alma. O Incriado, que sempre existiu por todo o sempre, logo único eterno em sua perfeição absoluta, é somente Deus no Universo."

Exímio conhecedor das maldades e técnicas dos magos feiticeiros, todo o tempo em que estive com esse Espírito me amparando, seguiu-nos uma legião de Exus Brasa. Quando estava retornando para o corpo físico, verifiquei que iam deixando, pela manipulação do meu ectoplasma, como se eu fosse uma bateria ou um tanque de "combustível", um lençol de pedras graníticas incandescentes na trilha astral que estávamos seguindo. Explicou-me Pai Quirino:

> "Isso é para a sua segurança mediúnica: como se trata de localidade muito densa, quase que materializada, os Espíritos que ali habitam não conseguem volitar; andam como se estivessem presos ao solo pela força gravitacional, retidos nas escarpas montanhosas da região florestal visitada. Por esse motivo, os Exus Brasa da nossa amada Umbanda deixam na estrada que seguimos a manta incandescente de brasas, para que não nos sigam e localizem o seu endereço no plano físico para futuros assédios e revides."

Concluindo nossa viagem noturna, Pai Quirino deu-me um abraço forte ao me deixar no corpo físico, juntamente com todos aqueles guardiões que o estavam acompanhando até o meu quarto, reforçando os laços de fraternidade que nos unem, dizendo-me ao ouvido: "Sempre que precisar, este 'nêgo véio' vem te buscar a passeio".

Despediu-se com uma sonora gargalhada de sambista do astral, acompanhada do seu ponto cantado, que ficou ecoando em meus tímpanos como se fosse um repique de bateria de escola de samba:

Depois da meia-noite
até o galo cantar,
com Pai Quirino
ninguém pode segurar...
eh! eh! eh!...
ah! ah! ah!...

A união com Deus é a união da consciência com o seu Eu Superior e imortal, o purusha. Esse é o ponto central que diferencia o iluminado do ignorante, o homem com discernimento espiritual do homem animalizado.

Orixá ancestral – purusha: a porção divina da alma

    Todo ser humano é sustentado por uma Centelha Divina. Popularmente é a dita "alma". Essa centelha é animada por uma porção realmente divina – o Deus no Eu ou o Eu no Deus. A deidade individual é o *purusha*, a micropartícula constitutiva da Centelha Divina que anima a alma. O núcleo central do Sol é mais quente que a sua superfície. Similarmente, o núcleo central da alma, a Centelha Divina, é uma "chispa" mais quente e vibrante que emite refulgente luz.

    Essencialmente, a alma nunca perde a conexão com o seu Orixá ancestral ou *purusha*. Na jornada eterna da existência imortal, a alma aviva e habita vários corpos materiais, até que desenvolva a consciência de que é Espírito, tal qual o sopro atiça o fogo na fornalha para derreter o ferro e o ferreiro moldar a ferramenta.

    Nos primeiros estágios, a percepção de si é inexistente, e os sentidos identificam-se com tudo que é corpóreo. É a fase de lancinante sofrimento, pois a impermanência do organismo carnal suscita tormentos mentais com repercussões no além-túmulo. É dessa forma que os vales do umbral inferior fazem uma orquestra de gemidos e uivos, o intenso lamento choroso das almas aflitas ensandecidas nos charcos. Assim são os transtornos psíquicos pela ausência da satisfação dos sentidos corpóreos.

Um barqueiro atravessa o rio de uma margem a outra. Ao chegar do outro lado, pisa em terra firme, coloca o barco nas costas e anda com o peso dele. Assim age a alma condicionada às sensações no Plano Astral, após a passagem da consciência do corpo físico para o corpo mais sútil astralino – age e pensa como se ainda estivesse pisando na Terra. A sintonia com a real constituição da alma – permanente, imortal e imutável – fica nublada com a viciação da mente ao gozo da posse dos objetos dos sentidos. O condicionamento mental às sensações corpóreas almeja sentir o prazer e é insaciável.

A natureza intrínseca da alma é sentir prazer. Nos estágios primários da existência, fixa-se a consciência no corpo físico e se esquece do contínuo esforço da alma em se conectar com Deus e auferir a bem-aventurança, o máximo de prazer espiritual. Nada há de errado em buscar o prazer, uma vez que é a disposição constitucional de todos nós enquanto Espíritos imortais. Todavia, os prazeres dos sentidos propiciados pelo organismo físico geram pensamentos de posse em que o Eu se confunde com o ter ao invés do ser. É a armadilha do "Eu igual ao meu": meu corpo, meu braço, meu cabelo, minha casa, meu carro, minha mulher, minha empresa, meu diploma, meu sítio, meu dinheiro, meus filhos... Meu, meu, meu...

É impossível ser o possuidor e controlador das coisas impermanentes. Fatalmente haverá sofrimento, e quanto maior a hipnose da consciência em se identificar com posses efêmeras, tanto mais miserável será a existência após a morte física. As ondas de pensamentos continuam agitando o lago da mente, e sem a satisfação dos desejos pelos sentidos (audição, paladar, olfato, visão e tato) em contato com os objetos, coisas materiais que dão prazer, o sofrimento é enorme para o recém-chegado materialista no Plano Astral.

O processo de espiritualização é sustentado na busca da conexão da mente, por intermédio da imposição da vontade associada à inteligência intuitiva discernidora (*budhi*), com a constituição real e permanente do ser, forjando-se a consciência para a verdadeira percepção de si. Seremos eternamente almas individualizadas, mesmo nos planetas espirituais inefáveis, indescritíveis em palavras humanas, assim como a luz não consegue descrever sua própria refulgência luminosa por não "enxergá-la".

A "fusão" com Deus é um estado de percepção da consciência, que ao perceber-se em sua real constituição cósmica une-se em potencialidade divina ao Criador, contudo, sem aniquilação de sua individualidade, o que seria "suicídio espiritual". Essa união não significa ser igual a Deus, mas render-se a Deus como sua eterna partícula, de maneira semelhante à uva, que não vive sem o galho da videira que a vitaliza. Somos eternamente almas individualizadas, e não meros corpos físicos temporários. Devemos nos esforçar para direcionarmos a consciência para a essência constitutiva da alma, para o *purusha*, a deidade interna que habita cada um de nós.

A união com Deus é a união da consciência com o seu Eu Superior e imortal, o *purusha*. Esse é o ponto central que diferencia o iluminado do ignorante, o homem com discernimento espiritual do homem animalizado. A grande liberdade é quebrar as algemas da ilusão material impermanente. A preponderância da vontade associada à inteligência (*budhi*) não se ilude com a voracidade do tempo que a tudo consome e dá fim, assim como o ator não se confunde com a personagem de um filme.

A alma renascerá tantas vezes quanto for necessário, em muitos corpos diferentes, em vários planetas e em infinitos Universos materiais, até que a consciência se libere integralmente da "masmorra" que ela mesma cria e a aprisiona na energia material. O primeiro passo começa em conter o domínio da mente pelos objetos dos sentidos. Isso se inicia somente após "infindáveis" renascimentos corpóreos.

Pai Tomé responde

O *purusha* é o mesmo Orixá das religiões afro-brasileiras e da Umbanda?

A cultura e os saberes das tradições "caminham" na Terra não só pelas andanças dos homens sábios, mas, especialmente, sob o influxo incontrolável dos renascimentos sucessivos no orbe. Não há descontinuidade, no conhecimento da verdade adquirido pela consciência, entre suas muitas vidas passadas. Mergulhou numa profusão de experiências acumuladas, enquanto esteve miríade de vezes corporificada na matéria.

Em certas épocas, de tempo em tempo, os cupins ganham asas e saem em revoada para criarem um cupinzeiro. Onde surgiu o primeiro cupinzeiro? Ninguém sabe. Similarmente à tradição espiritual dos *purushas*, pujante na filosofia védica em ampla região, originária do devanágari, a língua dos deuses, comunicada aos grandes sábios durante seus estados alterados e superiores de consciência, "voou" no cosmo, em amplas latitudes dimensionais.

Donde veio? O que importa é que os registros foram e são passados de mestre a discípulo, há milhares e milhares de anos, oralmente, de boca a orelha.

Quer dizer que esses saberes "caminharam" no planeta?

Tem uma oração cantada, consagrada nos terreiros de Umbanda, que diz assim:

Caminhou, caminhou,
Preto Velho caminhou.
Lá na Aruanda Maior,
Preto Velho caminhou.

O saber dos Orixás caminhou não só na superfície planetária como também pelo cosmo (Aruanda Maior), chegando à Terra, a determinadas regiões da África, originárias do antigo povo *arya* ou arianos. Inicialmente pelos drávidas ou povos do vale do Rio Indo (*sindhus*), espalhou-se por toda a Índia. Tornou tradição oral impregnada na cultura religiosa vigente, por meio da visão e audição transcendentais dos *rishis*, os sábios antigos da tradição védica. Os *rishis* foram os compiladores dos textos sagrados do *Sanatana Dharma*, hoje conhecido como hinduísmo. São avançados iogues que tinham contato com seres das estrelas e difundiram o conhecimento para a utilização e o aperfeiçoamento dos povos, não só da Índia, mas da humanidade.

Consideremos as adaptações linguísticas à cultura de cada local, ao seu panteão de divindades e mitologia, e teremos um mesmo fio que tece um rico mosaico, matéria primeva de uma única essência. Logo, o *purusha* é o Orixá, assim como o galho da figueira é a figueira ou a gota do mar é o mar.

O *purusha* ou Orixá, independentemente de ser originário dos seres das estrelas, ter começado na cultura védica, ser africano ou estar no imaginário do brasileiro, é força cósmica universal. É Deus em ação!

O Orixá ancestral é o mesmo Orixá que rege a cabeça dos filhos?

O Orixá ancestral em todo o ser humano é sustentador da Centelha Divina. Não se concebe o Sol sem a luz, embora a luz não seja o Sol. São independentes e, ao mesmo tempo, dependentes. De forma similar, o Orixá ancestral sustenta a alma, mas sem a alma ele não existiria, tal qual a luz não vive sem o Sol.

A deidade individual é o *purusha*, a micropartícula constitutiva da Centelha Divina que anima a alma, o pequeno Deus (Sol) de cada alma que é luz. Repetindo-nos, o núcleo central do Sol é mais quente que a sua superfície, assim o núcleo "duro" da alma, a Centelha

Divina, é uma "chispa" mais quente e vibrante que energiza a alma, que se torna refulgente em luz.

O Orixá que rege a "cabeça" é moldado a cada renascimento e se vincula ao propósito de vida do ente renascido, durante a sua vida física. Desliga-se após a morte natural dos tecidos orgânicos e retorna para a fonte universal que o gerou. Todavia, o Orixá ancestral é perene e imutável, é a divindade interna de cada alma. Totalmente transcendental, é livre de quaisquer circunstâncias físicas.

Se a alma nunca perde a conexão com o seu Orixá ancestral, qual a necessidade de tantos rituais de iniciação?

A alma "aloja" o Orixá, como a ostra preserva a pérola oculta, fechada em si mesma. Para abrir a ostra, requer-se esforço e destreza para que a pérola não seja danificada. Os rituais são os "abridores" da consciência, visando que ela perceba a conexão com a sua potencialidade sagrada interna. A qualidade e o fundamento de um rito de iniciação devem ser adequados ao iniciando, assim como o saca-rolha deve ser usado com maestria para abrir-se uma garrafa contendo um néctar precioso.

Sobre o sofrimento dos aflitos nos charcos do umbral, onde estão os guias espirituais que não intercedem?

Os tormentos e as bem-aventuranças da alma não sofrem "descontinuidades" entre um plano e outro de vida. Tal qual o assistente na sala cinematográfica que "entra" na tela e psicologicamente vive o enredo da trama, as emoções e os sentimentos decorrentes dos pensamentos permanecem inalterados após a morte física. A mente é o dínamo propulsor dos estados íntimos das almas, aqui, lá ou acolá. Se a personagem vivida pela alma é amor, altruísmo e serenidade, ou é ódio, egoísmo e angústia, assim ela será quando retornar para a vida real do outro lado do palco da vida terrena.

Os guias espirituais agem como os lavradores atenciosos e diligentes que sabem o tempo certo de cada floração, o tempo de semear e o tempo de colher. A vinha verde não produz bons frutos se for colhida antes da hora, será azeda ao paladar. A consciência que não amadurece não se torna doce como o mel. Sua "acidez" interna precisa saborear os frutos de si mesma para se dulcificar. Qualquer ato externo é colheita prematura, e tudo acontece no campo íntimo de cada criatura numa perfeita solução de continuidade evolutiva.

Em relação às oferendas e obrigações feitas para os Orixás e guias durante a vida, do que valeram se ao morrer vou-me "danar" no lado de lá?

As oferendas e obrigações, independentemente de qual tradição religiosa, estabelecem um relacionamento pessoal com as deidades, os guias espirituais e santos. Os seres humanos depositam sua fé e adoram o Sagrado em ignorância, paixão ou bondade. Não há como desvincular-se da influência dos modos da natureza material, o que no Oriente é conhecido por *gunas*. É impossível a um pássaro sobreviver sem penas e, de modo semelhante, a alma corporificada está constitucionalmente influenciada pela ação desses três modos (ignorância, paixão ou bondade).

Os diferentes tipos de mentalidade estabelecem a associação devocional com as oferendas e obrigações sacrificiais e, a partir dessa vinculação, desenvolvem um tipo de fé particular. Um indivíduo precisa atravessar um rio de um lado a outro. Pode ir a pé, se não for profundo, ou nadando, se a correnteza for branda, ou de barco. Todavia, se fizer uma oferenda ao Deus de sua fé – independentemente do nome e da forma reverenciados – e ficar aguardando, a Divindade não o transportará de um lado a outro do rio. Somente com o próprio esforço e ação íntima rompe-se a barreira da inércia criada pela ignorância espiritual.

Estes três modos – ignorância, bondade ou paixão – influenciam a fé? Por favor, esclarece a minha confusão.

Sem dúvida, meu filho, o tipo de fé gera o tipo de oferenda. Não é o elemento material ofertado e o rito oficiado que determinam a fé. É o contrário. Presta bem a atenção no que direi.

A "fé" movida pela ignorância é tão pueril quanto uma bolha de sabão ao vento. Em verdade carece de fé, pois se move por meros interesses materialistas. Quer dinheiro para comer, beber, fornicar e dormir. É o indivíduo altamente identificado com o corpo físico. Só desperta alguma fé se a deidade oferecer a prova de algum fenômeno na vida material. Tende a procurar a magia negativa e tem ambição de controlar os elementos da natureza com uma associação a uma "divindade" poderosa, seja ela qual for, mago, Espírito, feiticeiro. Permanece e participa de cerimônias religiosas regularmente enquanto tem saúde e goza os benefícios mundanos. A este, as oferendas nada valem do outro lado da vida, pois recebeu tudo em Terra.

O que tem a fé no modo da paixão, além dos benefícios materiais, executa os ritos sacrificiais ostentosamente, por orgulho e por adorar ser visto e admirado. Usa as roupas mais belas e dos melhores tecidos. Oferenda os mais caros elementos, tudo para o "santo" ser visto e admirado quando manifestado nele próprio. A dança magnífica, a coreografia ensaiada, a *performance* gestual estudada, as comidas refinadas, os perfumes importados e as bebidas mais desejadas – exteriorizações do ego e da fé no modo da paixão. Uma fé que é igual a um vistoso pastel de vento, lindo por fora e oco por dentro. Tende também à magia negativa para dominar o outro e fazer prevalecer a sua vontade.

A fé no modo da bondade inicia o primeiro degrau de acesso a uma plataforma liberadora de atrozes sofrimentos da alma condicionada no além-túmulo. É combustão interna, contudo silenciosa, discreta e revestida de serenidade, autocontrole, simplicidade, pureza de sentimento, reto agir e pensar com firme austeridade mental. Somente os disciplinados não se desviam da consciência transcendental,

tal qual o cocheiro que conduz com habilidade os cavalos numa estrada esburacada.

Afinal, o que nos falta para uma relação libertadora com Deus?

Não é possível uma relação libertadora com Deus, diretamente ou com suas múltiplas formas de se fazer presente para os crentes, se a mente estiver ocupada para a gratificação dos sentidos. Os honestos desinteressados de usufrutos na sua relação com as deidades, como as crianças inocentes que dispõem as oferendas, puras de coração, bondosas e desapegadas dos gozos terrenos, constituem em si as qualidades de austeridade pessoal e constante vigilância. Aos despertos do sono letárgico das ilusões impermanentes, o Reino de Deus escancara suas portas e oferece-lhes os deleites do castelo da plena felicidade, pleno conhecimento e pleno gozo da alma.

E os que fazem a caridade por toda a vida?

O jardineiro deve cuidar do jardim para as flores exalarem seus perfumes e a beleza de suas pétalas aos sentidos dos visitantes. No entanto, quando exalta a si mesmo para ser visto em seu trabalho, como se ele fosse o perfume e a beleza, não cuida mais diligentemente do jardim da alma, e sim alimenta a erva daninha do seu ego.

A caridade não se vincula ao "tempo de caridade". Não importa o quanto fez. É valoroso estar fazendo sem medir o tamanho do que se faz na caridade. Realiza-se a ação caritativa anonimamente, sem expectativa de recompensa. Qualquer anseio de reconhecimento é fruto dos desejos de obter vantagens, mesmo do outro lado da vida, como ir para o céu, morar em Nosso Lar, ser amparado pelo guia agradecido ao médium etc. Troféus efêmeros que alimentam o orgulho de quem presume que fez algo e exige reconhecimento.

Muitos dizem que fazem a caridade, e se o dizem não o fazem muito. Poucos realmente fazem a caridade e não o dizem. Se não o dizem, muito o fazem. A obra é silenciosa dentro do ser. É fazer incondicionalmente. É fazer sem alarde e com amor.

O transe com o Orixá nos terreiros é a nossa conexão com Deus?

Deus não é alcançado somente por uma ponte mediúnica ou de consciência alterada. Por vezes, o alcance real d'Ele se dá pelo amparo afetuoso das palavras consoladoras aos semelhantes que sofrem. Isso é ir ao encontro de Deus. Servir ao ser humano é servir a Deus, pois em todos Deus é, Deus está.

Sem dúvida, o transe e os êxtases dos devotos são uma ponte de conexão com o Eu mais profundo, que "desperta" o "ser divino" hibernado no inconsciente. Manifesta-se conectado ampliando a consciência, deixando-a supraconsciente, aumentada e potencialmente transcendental. Todavia, se o *Eu* do indivíduo é identificado com o *meu*, com o desejo de possuir as gloríolas do mundo, pode ser mero animismo vicioso que alimenta a mistificação ignóbil, o ego exaltando-se esfomeado por reconhecimento.

Aqueles que têm o *Eu* solidamente fixo no *ser*, despreocupados das auréolas por "manifestarem" o Orixá, conseguem a real conexão com o *purusha*, sua divindade interna, partícula de Deus. A chispa retorna momentaneamente ao fogo divino, fazendo unidade sem fusão, o que em contrário diluiria a personalidade após o transe. Fortalece-se o Espírito, o *Deus* está no *Eu* e o *Eu* está em *Deus*.

PARTE II
Ação dos Espíritos orientais na Umbanda

Motivos das reencarnações no Brasil

A Umbanda passará por profundas mudanças. Sem precisarmos datas, a consciência coletiva umbandista, ainda bastante apegada às formas transitórias, terá que se universalizar mais e compreender melhor que há uma unidade na diversidade. Existem infinitas formas que abrigam os Espíritos, nos reinos mineral, vegetal e animal. Compreender que tudo é inseminado e mantido pelo Grande Espírito, Deus, é perceber o fio que tece toda a Criação.

A universalização da Umbanda revisará formas rituais cristalizadas no tempo. Notadamente, as formas de apresentação dos Espíritos não devem ser um fim em si mesmos. A consciência umbandista terá que permitir que a potência interna divina de cada ser humano aflore, tornando os médiuns e adeptos menos dependentes dos guias espirituais. Nesse sentido, a era da entidade fazer tudo acabou, pois na prevalência absoluta da mediunidade consciente os dois lados da vida terão que caminhar juntos, assim como o homem anda em duas pernas e não em uma só.

O excessivo apego às formas de apresentação dos Espíritos e a manutenção das mentes fixas na ilusão, como se todo o Preto Velho fosse um negro ex-escravo e todo o caboclo um ex-indígena, terão que ser revistos. Ao se cultuar o Preto Velho na senzala na tentativa de mantê-lo serviçal e "humilde", na verdade servil aos caprichos e às vontades das humanas criaturas, cria-se uma prisão coletiva de todos os egos envolvidos, nos dois lados da vida, mantendo-os atados na impermanência do mundo fenomenal, da magia e dos encantamentos, transitórios e fugazes. Assim, tanto os encarnados como os desencarnados não evoluem e não despertam uma espiritualidade sadia e madura, baseada no autoconhecimento e no descortinar do potencial interno de cada alma.

Um equívoco a ser corrigido na educação dos médiuns é que seus esforços não devem estar demasiadamente direcionados aos fenômenos e à forma como o mediunismo se manifesta nos rituais externos. Esqueceu-se de apurar os mecanismos íntimos de melhoramento psíquico que refinam a sintonia com os Espíritos benfeitores, partindo da própria sintonia interior melhorada de cada indivíduo. A qualidade do pote determina a qualidade da água. Nada adianta água limpa em pote sujo. Assim, os fenômenos externos, que enchem os olhos e por vezes transbordam o coração de vaidade pelos elogios recebidos, "sujam" a prática espiritual e só servem de bengalas para o ego exaltado. Não são suficientes e seguros alicerces psíquicos para se modificar os pensamentos equivocados e as atitudes indevidas diante das Leis Divinas.

Pensemos que todo e qualquer ato devocional, independentemente de fenômenos mediúnicos, pode e deve convencer o homem de sua imortalidade, dando-lhe confiança na continuidade da vida além-sepultura. É o conteúdo superior da prática espiritual, livre da aparência externa ritual, que converte os adeptos à vida moral superior, conduzindo-os a serem homens do bem e cidadãos de bom caráter.

De que vale a convicção íntima da imortalidade se ela não educa os pensamentos? Teremos plenitude na vida espiritual depois da morte física? Muitos desencarnam em sérias complicações espirituais, embora adestrados médiuns com um séquito de entidades a cumprir suas ordens. Na verdade, muitos médiuns não seguem nenhum princípio de libertação espiritual e renovação interior, preferindo apenas usufruir dos fenômenos externos, "viciados" em rituais que só afetam os sentidos físicos e lhes dão poderes transitórios e resultados práticos na vida material impermanente, ao invés de serem perenes práticas espirituais libertadoras do encantamento da matéria. É esse hipnotismo que os fazem reencarnar, pelo querer ansioso das glórias do mundo, o que está destruindo o planeta – o desejo do fruto das ações, a ira e a cobiça.

Este tríplice aspecto – desejo, cobiça, ira – os mantém "eternos" sofredores no porão trancado da infelicidade. São as masmorras internas que devem ser superadas. Os desejos confundem-se com a vontade e a enfraquece, fazendo-a escrava da mente, por sua vez subjugada no esforço psíquico em possuir os objetos dos sentidos para a satisfação sensória e egoica. O médium usa sua "espiritualidade" para satisfazer aos seus desejos. Transfere suas carências para os Espíritos e para os sutis mecanismos do transe.

Assim como um rei que é servido pelos seus servos em um castelo, o médium serve-se dos seus "guias" para conseguir consulentes serviçais e submissos, ele mesmo sendo endeusado nos rituais. Consegue ganho financeiro, poder, fama, reconhecimento e se deleita encastelado até que a morte derrube os muros do seu frágil reinado. Esses "reis" e "rainhas", quando se sentem ofendidos e contrariados, são tomados pela ira rancorosa e movimentam seus poderes coléricos contra os ofensores, seus desafetos, alvos de suas magias densas. E finalmente a cobiça, o desejo ardente por bens, honras e riquezas terrena, que devem ser conquistadas com avidez por intermédio da mediunidade.

O propósito maior a ser considerado é que a Umbanda tem uma função renovadora do carma coletivo, e não somente individual. É obvio que gradativamente se esgota o impacto cármico da inquisição, assim como é natural que a terra misturada com a água se fixe ao fundo, seja nos rios, seja nos lagos. Ao se colher a água num pote para se beber, não se recolhe a lama do fundo do rio ou do lago.

O propósito maior da Umbanda é "decantar" a consciência coletiva, liberando-a das impurezas que a retêm na ignorância espiritual, como fonte viva que sacia a sede do Espírito.

Falo da inquisição porque ela marcou profundamente o psiquismo coletivo pela escravidão. Todavia, é mais que chegada a hora da massa umbandista tornar-se independente dos traumas do passado e "liberar" os Espíritos, pois muitos terreiros não permitem a emancipação do Preto Velho ou do Caboclo. Querem mantê-los como "escravos", compadres e despachantes espirituais, atendendo infinitamente as menores lamúrias e inquietações referentes à vida material, o que deveria ser e é obrigação de cada ser humano.

Muitos dos Pretos Velhos e Caboclos da Umbanda foram em encarnações passadas avançados sábios do Oriente. Ainda são, pois a roupagem que vestem para se apresentar nos terreiros não altera o que são, assim como o manequim permanece o mesmo, independentemente da vestimenta que o colocam para ser exibido na vitrine.

Amorosamente reafirmo, a massa umbandista precisa reagir e sair da letargia paralisante, sem estudo e com total ausência da expansão da consciência. Os tempos são chegados, em breves cem anos muitas coisas acontecerão que modificarão profundamente a consciência coletiva planetária. Mantendo a simplicidade da genuína sabedoria espiritual, a Alta Confraria que coordena a Umbanda dos Planos Inefáveis arregimentou uma plêiade de Espíritos orientais que reencarnarão no Brasil e serão os futuros médiuns que mudarão os rumos doutrinários dos ritos umbandistas na superfície terrena, conduzindo-a aos novos e difíceis tempos.

Esses Espíritos estão estagiando em diversos terreiros do Brasil, adaptando-se à cultura ocidental, notadamente ao modo peculiar de ser do brasileiro. Serão médiuns supraconscientes, altamente intuitivos e provocarão um profundo impacto na percepção espiritual dos adeptos e assistentes.

Pai Tomé responde

Pedimos que nos fale um pouco mais sobre as mudanças que ocorrerão na Umbanda nos próximos anos?

As transformações que a Umbanda passará serão consequência de um novo estado de consciência que crescerá em todas as religiões. O apego aos fenômenos externos transitórios diminuirá em favor da maior interioridade e elevação do caráter das criaturas. A compreensão do sentido profundo metafísico dos rituais, que são meros condutores da religação com Deus, fará com que se redefinam as liturgias extensas e cansativas. O exaurimento dos recursos planetários e a escassez de alimentos, frutas e vegetais, resultante das alterações geológicas que o planeta está predestinado, farão com que os adeptos de todas as religiões que ofertam às Divindades para obterem benefícios próprios percebam que Deus e seus Enviados não respondem à quantidade externa ofertada, e sim à qualidade interna de cada coração.

Que alterações geológicas seriam essas?

Não sou afeito a fazer profecias ou previsões que antecipem o futuro, pois isso está além do alcance de minha tarefa e capacidade espiritual. Por outro lado, é amplamente sabido do lado de cá, há um bom tempo, que o planeta Terra será "limpo" pelo avanço das águas dos mares. O degelo dos polos pelo aquecimento global é sabido da ciência terrena. O que vocês não sabem é que isso não estava previsto assim e foi antecipado pela insânia extrativista da humanidade, movida pela cobiça das nações. Haverá uma reconfiguração gradativa e intensa da geografia do orbe e, consequentemente, uma limpeza planetária profunda. Os Senhores Regentes dos Elementos, poderes divinos atuantes na vida humana, respondem reequilibrando o que os seres humanos desequilibram.

Os excessos de oferendas e a aplicação da ritualística de Umbanda com a consequente banalização dos fenômenos magísticos anulam o seu fundamento?

Sem dúvida, deixa de ser "mironga" para ser ornamento de Espíritos levianos e superficiais. Já cumpriram a sua função em outros tempos, nos idos iniciais da Umbanda, quando os médiuns magos eram de fato atuados por genuínas entidades astralizadas da Umbanda. Hoje essa busca é animismo vicioso que banaliza a magia de Umbanda. Afinal, qualquer um a qualquer tempo recebe poderes em cursos e iniciações apostiladas para invocar os elementos nos rituais ditos umbandistas, sem quaisquer exigências de um caráter elevado e comprovadamente idôneo. Enfraquecem-se os fundamentos estruturais da Umbanda em muitas agremiações, e assim como açúcar que atrai moscas, atraem Espíritos levianos e superficiais que dominam o mental dos médiuns.

Há um encantamento coletivo com os poderes prometidos que atiça o individualismo egoico – eu sou melhor, eu sou mago, eu tenho poderes. Essa percepção hipnotiza os invigilantes diante da fácil promessa de alcançar e dominar forças miraculosas que requerem um excesso de oferendas. Estabeleceu-se um círculo viciante: mais oferendas rituais, mais poderes; mais poderes, mais oferendas e rituais.

É difícil acreditarmos que esses guias abençoados do Oriente terão que reencarnar. Se os guias são luz, por que necessitam retornar à matéria?

Todos os filhos são abençoados na Criação. A possibilidade de reencarnação é natural e não "impura", como milenarmente se condicionaram equivocadamente certas categorias de consciências no isolamento dos templos orientais. A liberação do "encanto" da energia material não se dá por receitas prontas de mantras e procedimentos rituais de adoração às deidades, sejam elas quais forem, mas vencendo a si mesmo da ilusão temporária das conquistas do ego no mundo material.

Em verdade, tudo é espiritual, e a matéria nada mais é que um balão preenchido pelo sopro Todo Penetrante de Deus, o hálito divino do Supremo. Para a mariposa, a lâmpada é o Sol. Da mesma forma, acreditar que todos os guias de luz não tenham que reencarnar, é deixar-se cegar pelo reflexo do Sol em um espelho empoeirado. A genuína refulgência do Espírito liberado é a própria luz, e não o seu efeito refletor. Somos vaga-lumes conduzindo os filhos que ainda não abriram a visão espiritual, e nada nos desmerece termos que reencarnar.

A necessidade de retorno também é para que parte desses Espíritos consiga conviver com a diversidade de carismas que existe na Umbanda. A Senhora da Luz Velada encandeia em sua luminescência o preconceito e o falso senso de superioridade e gera atrito entre as diferenças que se farão unidade.

Os Espíritos que são mestres da luz, que não precisam conviver com a diversidade, nos amparam dos Planos Superiores e não precisam reencarnar. Certo?

Existe um contingente de almas extraordinárias nos Planos Inefáveis que servem ao mundo fenomenal das formas transitórias, permanecendo em meditação transcendente. Emitem altíssimas vibrações espirituais para auxiliar os seres humanos na busca da comunhão com Deus. Mantêm, inclusive, a coesão das moléculas estruturantes do Plano Astral, sustentando a formação astralina dos muitos aglomerados ou cidades astrais superiores. Não habitam diretamente nessas paragens astrais vinculadas aos planetas materiais, mas estão imersas nelas por sua dilatada e indescritível capacidade de onisciência e onipresença.

Todavia, o amparo do Alto não se resume ao derramamento do amor das estâncias superiores imanifestas nos mundos astrais e materiais. Ocorre que o homem tropeçante no solo do planeta necessita não apenas de silenciosas bênçãos inefáveis, mas também da presença concreta desses sublimes benfeitores espirituais. Retornam à carne para darem o exemplo de que é possível viverem como seres mortais para infundir nas criaturas valores imortais de coragem, fé e ânimo por Deus. Demonstram pessoalmente o caminho para a redenção. Assim, de tempo em tempo, entram no cenário do mundo impermanente como seres humanos mortais para servir e ensinar no tumultuado teatro da vida terrena. Dão testemunho inequívoco da existência de Deus.

Por favor, explique "preconceito e falso senso de superioridade".

Compreenda que a essência da vida é a transcendência do ego. O ego é tudo aquilo que se identifica com a ilusão dos sentidos oportunizados pelo corpo físico. Se a consciência "mata" os sentidos falsamente, por meio ritos de purificações, e a partir disso se eleva sentindo-se superior às demais criaturas, cai numa armadilha ardilosa do próprio ego, que faz a consciência crer que o devoto em seu ascetismo se liberou da necessidade de reencarnar. Isso acontece muito no Oriente. A negação do corpo e o distanciamento das dores e dos sofrimentos humanos.

O amor cósmico universal é potência que nos aproxima no auxílio uns dos outros. Na cegueira do serviço devocional purificador, o adepto orgulha-se de si mesmo, pela sua capacidade de desapego da matéria, e aí terá que voltar à carne e perceber outros ângulos de manifestação divina, sem preconceito e falsa superioridade.

Fale-nos um pouco mais do "encanto" da energia material.

Não importa se você foi um asceta de vida renunciada num mosteiro ou um cidadão comum com família para sustentar. O caminho da liberação dos renascimentos na matéria não é um jogo de pontos corridos, em que quanto mais você negar a matéria e isolar-se dela em ritos extenuantes e compulsórios, maior será o seu placar. Se a negação do "encanto" da energia material fez a consciência sentir-se purificada em relação às impuras criaturas humanas comuns, o devoto religioso torna-se cheio em si mesmo, preenchido de jactância, como a cobra cega que morde a ponta do rabo por confundi-lo com o camundongo.

O descondicionamento da consciência ao hipnotismo do "encanto" da energia material acontece pelo domínio da mente sob os sentidos físicos, assim como os cavalos são controlados pelo cocheiro. O asceta mantém os cavalos na baia do medo e não os coloca em prova nas ruas da vida para não ceder às tentações. O cidadão comum que controla os apelos sensórios estando no mundo e age sem ser do mundo conquista a si mesmo, vencendo a batalha do Eu Superior contra o ego.

A vontade das poderosas mentes dos mentores orientais da Umbanda é capaz de fazer suas consciências interagirem com as energias condensadas e enfermas dos consulentes, manipulando-as para as dispersarem, causando alívio a efeitos destruidores que bloqueiam a reação positiva do indivíduo no esforço necessário para sua autocura definitiva.

O trabalho profundo de autocura

No surgimento da Umbanda, uma parte da missão de seus guias espirituais era tornar visível a misericórdia curativa de Deus. Pela fenomenologia dos "milagres", mesmo as doenças incuráveis e os desequilíbrios mentais insolúveis puderam ser superados. Por vezes, se alcançava a graça da cura instantânea durante o passe do Caboclo ou do Preto Velho. Os Enviados Espirituais manifestavam-se nos médiuns plenamente sintonizados em consciência com a Vontade Divina. O propósito dessas curas milagrosas não era glorificar o corpo perecível, a cura é orgânica, como muitos adeptos ainda pensam. A finalidade era despertar a fé na ação do mundo transcendental e chamar a atenção das criaturas da existência e permanência da vida após a morte física.

Nos dias atuais, a mensagem divina de salvação enviada por intermédio dos guias espirituais não demonstra milagres fenomenais, e sim clama para que cada um, por sua própria iniciativa e livre-arbítrio, obtenha amor e confiança nos desígnios divinos dentro de si mesmo. A fase de buscar a realização espiritual com o incentivo de demonstrações sobrenaturais, repleta de fenômenos concretos e materiais para os incrédulos, terminou na Umbanda.

Atualmente, as curas físicas ocorrem pelo alinhamento interno da criatura com o Criador, por intermédio da conexão com a sua potencialidade divina imanente. A relação entre pensamento, energia, vibração e matéria deve estar harmonizada.

Durante os passes fluídicos nos terreiros, o poder mental concentrado da entidade atua sobre a matriz energética do duplo etéreo do organismo físico. Esse movimento vibratório pode desencadear transformações atômicas que repercutirão em recomposição de tecidos enfermos. Na continuidade do tratamento espiritual prescrito, há um gradativo descenso vibracional do duplo etéreo para o corpo físico, resultando no que vocês denominam de cura.

No entanto, se o consulente não harmonizou em si seus pensamentos, suas energias e vibrações originais, por mais que a abnegada entidade use de sua vontade em unidade à Vontade Divina, mesmo com a reestruturação do tecido mórbido em saudável, de fato nada acontecerá de duradouro na perspectiva real da vida do Espírito imortal, pois o veículo físico é impermanente e transitório, sendo assim, inevitavelmente, perecerá. A graça espiritual deve ser encontrada dentro de cada ser. Recompõe-se matéria orgânica doente, mas a doença profunda do psiquismo, fruto de pessimismo, maledicência, orgulho, ciúmes, lascívia, vaidade etc., permanece intocada, o que desestruturará novamente a coesão molecular do corpo denso, a última cadeia de rebaixamento vibracional da alma encarnada.

Raras são hoje as intercessões dos mestres astrais que atraem para si a carga cármica enferma dos consulentes, havendo a cura imediata e fenomenal. Os tempos são outros, e se não houver a autocura da consciência ignorante das leis espirituais, de fato não haverá a cura dos corpos espirituais enfermos, astral e etérico.

A mente, com o poder de vontade do guia, "implanta" bons pensamentos, de saúde, otimismo, esperança e fé no consulente atendido. Nos aconselhamentos se fazem afirmações científicas de cura, altamente positivas, com largo poder de restauração energética. Ao dissolverem pensamentos ruminantes e obstinados de negativismo e autocomiseração, gera-se uma onda restauradora de energia curativa que "lava" a aura do enfermo.

As maiores enfermidades são psíquicas, portanto o pensar é o arquiteto das células e o engenheiro responsável pela manutenção da potência de energia vital em cada molécula do tecido orgânico. Quando o pensar é ruim, naturalmente cai a vibração que a mente emite e bloqueia-se o potencial saudável emitido do Espírito, que deixa de vibrar pelos nadis e chacras dos corpos sutis até o corpo físico. A associação de pensamentos e doenças é direta e pode perturbar todo o complexo de força vital que anima e mantém as células saudáveis.

No mais das vezes, os pensamentos enfermiços são gerados do subconsciente – de traumas de vidas passadas –, e a criatura conscientemente não percebe a qualidade da construção dos seus pensamentos diários. Somente mudando padrões mentais inconscientes, enrijecidos e vibrantes, que geram os hábitos equivocados e redundam em doenças, que o ser efetivamente conseguirá alcançar e manter a saúde perene.

A busca do autoconhecimento e a nitidez da percepção do seu modo de pensar e agir requerem, muitas vezes, o auxílio daqueles que estão mais adiantados espiritualmente. Quando a própria vontade está enfraquecida pela doença e o discernimento do indivíduo está embotado, ele pode e deve buscar ajuda da medicina e psicologia terrenas juntamente com o auxílio espiritual. A vontade das poderosas mentes dos mentores orientais da Umbanda é capaz de fazer suas consciências interagirem com as energias condensadas e enfermas dos consulentes, manipulando-as para as dispersarem, causando alívio a efeitos destruidores que bloqueiam a reação positiva do indivíduo no esforço necessário para sua autocura definitiva.

Afirmo que ninguém pode curar o outro, exceto com a cooperação do poder oculto inerente ao próprio Espírito do enfermo. Um mestre astralizado, plenamente autorrealizado em Deus, nunca se "engana" e não produzirá a cura em uma pessoa sem merecimento, por sua ciência das circunstâncias cármicas que tornam momentaneamente impossível tal cura. Todavia, Espíritos mistificadores sedentos de poder e reconhecimento encontram médiuns de efeitos físicos de baixa moral e caráter duvidosos, fazendo muitas curas orgânicas espetaculares, como as que ainda se observam. Esses médiuns acabam derrotados por suas próprias fraquezas morais de ambição e sensualidade descontroladas.

Por outro lado, sem desordenar os princípios cósmicos da Criação pela reguladora lei de ação e reação, o processo complexo de cura pode ocorrer num instante, por meio de um decreto de um genuíno mestre astralizado em união com Deus. Para isso, são precisamente analisados e incondicionalmente respeitados os critérios das condições cármicas individuais e coletivas de tal feito, e a consequência do ato curativo é circunstancialmente avaliada no tempo. Nesses casos, muitas vezes, a progressão da cura física é lenta e gradual, se amoldando paulatinamente na incisão energética que aconteceu no corpo astral.

Como disse Jesus, toma a tua cruz e segue-me. Se assim disse o Mestre dos mestres, era lógico que o peso da cruz não era maior do que a capacidade de carregá-la do seguidor. O progresso e o alcance definitivo da cura dependem do quanto o indivíduo seguirá o caminho que o seu Cristo interno lhe mostra. Sem dúvida, a cruz cármica que cada um de vocês deve carregar não está além das capacidades individuais de carregá-la na presente encarnação.

O trabalho vibratório de cura dos mentores orientais na Umbanda consiste em criar e dirigir conscientemente vibrações de energias vitais a indivíduos afetados por doenças e outros distúrbios. Por intermédio da irradiação intuitiva, "acostados" em seus médiuns, o fluido vital é extraído do citoplasma de suas células. Isso é feito internamente, afrouxando-se a coesão molecular e projetando-se o ectoplasma liberado, pelo poder da vontade do mentor operante. Externamente, as vibrações dos cânticos, assim como as entoações das vozes humanas com palavras cadenciadas, frases e afirmações positivas e vivificantes, impregnadas da consciência de Deus, potencializam todo o procedimento. Como toda a Criação consiste em variadas frequências de vibração, e o som tem um poder muito grande, as palavras cantadas e proferidas inteligentemente não são apenas sons de comunicação ordinária, e sim extraordinário condutor mântrico de vibrações de pensamentos e energias curativas.

A onipotência de Deus é onipresente. O poder da vontade divina não é dividido e separado em compartimentos. A matéria densa é preenchida o tempo todo pelo "Espírito" de Deus, o que no Oriente é chamado de *prakriti* – a natureza da matéria cósmica. As mentes dos médiuns, que regularmente se reúnem numa prática espiritual benfeitora, por intermédio dos cânticos devocionais, entram em contato com as forças vibratórias mais elevadas que emanam de Deus no mundo astral superior e causal – causas de todas as manifestações.

É muito importante a utilização do poder mental para curar por meio das afirmações positivas e dos cantos, que na verdade são orações cantadas em conjunto. Todas as vibrações de som liberadas no éter produzem um efeito naquele que as escuta. Todavia, as palavras impregnadas de poder espiritual, no consórcio entre os dois planos de vida, material e imaterial, médiuns e mentores unidos em parceria com as mesmas intenções e propósitos, tornam-se potente corrente vibratória que atua em benefício dos enfermos.

Os homens não se dão conta do poder divino dentro deles. Esse poder controla todas as funções dos corpos espirituais que envolvem o Espírito e permitem a adequada manifestação inteligente da consciência em diversos planos de existência.

"Vós sois deuses", só ainda não compreendem isso.

Pai Tomé responde

As curas milagrosas nem sempre despertam o interesse do curado em adotar uma prática espiritual. É isso?

A cura, quando acontece no organismo recompondo tecidos enfermos, quase nunca rompe a barreira da ignorância que mantém o indivíduo distante de uma prática espiritual, seja ela qual for. A causa primária fundamental desse ignorar é o afastamento de Deus, que gera os efeitos que o senso comum humano entende como doenças, ainda oculta na maioria dos cidadãos que sobrevive na matéria a cada dia, assim como o mexilhão que se agarra ao casco do navio sem saber para onde vai.

Somente quando se esclarece o ser é que ele alcança discernimento de si mesmo, percebendo a sua real constituição e qual a sua função no cosmo. Apenas com seu esclarecimento é que a cura profunda da bestial ignorância que o amortece diante da verdade da vida em Espírito é alcançada, e a consciência assim busca uma prática espiritual. Enquanto a crisálida não se rompe, a borboleta não voa.

A frequência nos templos umbandistas diminuirá com a proposta de autorrealização espiritual sem a demonstração de fenômenos sobrenaturais?

A frequência nos templos religiosos diminuirá em todas as religiões ao não darem as respostas adequadas que conduzam as criaturas à sua autorrealização espiritual. Os fenômenos sobrenaturais, metafísicos, acontecem no íntimo de cada ser, e não nos templos de pedras. Enquanto o homem não acordar o "deus adormecido dentro de si", a busca pela demonstração de fenômenos externos persistirá. Ao transformar-se e se adaptar aos difíceis tempos que virão no planeta nos próximos anos, conseguirá a Umbanda atender a contento os questionamentos que surgirão, tendo em vista o imaginário coletivo traumatizado e não mais satisfeito com as portas largas das soluções externas passageiras.

Somente o poder mental concentrado da entidade, sem os elementos materiais comumente utilizados na Umbanda, será suficiente para se atuar na matriz energética do duplo etéreo?

Nunca foi suficiente. Jesus, por vezes, curava com um punhado de terra e cuspe, outras vezes só com a saliva. Todavia, sempre alertou "vá e não peques mais". O pecado nada mais é que o afastamento de Deus, ou seja, o elemento de rito utilizado pelo agente de cura não é o determinante. É preciso o encontro do indivíduo com a potencialidade interna de sua alma, alinhando sua consciência com Deus, para daí não mais pecar.

Nenhuma solução da magia dos elementos é definitiva perante os sofrimentos dos homens. Se não houver alquimia interna, por ressonância vibratória, continuarão a ocorrer as enfermidades. O corpo físico é transitório, mas a nova consciência que se alcança é permanente. Não se iludam com a cura aparente do corpo físico se não houver a autocura do ser, realinhando o seu propósito de vida com o propósito de sua alma. Diante da lei universal de reencarnação, as enfermidades retornarão em novos corpos físicos, pois o filho do Pai continua em pecado – afastado d'Ele. Esse foi o sentido transcendental das palavras do Mestre: "vá e não peques mais".

Como os corpos espirituais, astral e etérico, ficam enfermos?

Os homens envenenam sua procedência espiritual. Os sentimentos egoístas geram os gostos e as aversões, provocando insidiosos enredamentos que perpassam de uma encarnação a outra, similarmente à corda que amarra o barco no cais do porto. As inclinações reativas são ações inatas à natureza aviltada do egoísta.

A partir das ações oriundas de maus pensamentos, as más tendências – enfermidades – cármicas acumuladas no corpo astral repercutem no corpo etérico e causam as doenças no corpo físico. Os desejos, as tentações, as inclinações vingativas, a inveja, os atos cobiçosos, a injúria e o falso testemunho, o poder magnético mental para prejudicar os outros, o orgulho e as ações presunçosas movidas pelo sentimento de superioridade, enfim, todas as más tendências, se não forem sublimadas espiritualmente, enfermam o ser humano e causam sofrimentos multiformes, retendo-o "indefinidamente" no ciclo de renascimentos em corpos físicos que adoecem.

O que é firmar a cabeça?

A mente é um corpo sutil dentro dos corpos densos – físico e etérico. Existe uma influência mútua entre o corpo e a mente, assim como a casca da maçã preserva a sua polpa. As doenças afetam a mente, de modo semelhante às larvas que comem a polpa da maçã. Por trás da mente está o que no Oriente chamamos de *atma* – o ser real do homem, puro Espírito. É puro porque é o núcleo vibrante do Espírito, intocável, pleno de bem-aventurança, estruturante dos corpos espirituais que o envolvem.

A mente é o instrumento no qual a consciência percebe as informações do mundo exterior por meio dos estímulos sensoriais. Quando a mente, que é oscilante e inquieta, se aquieta e fica imóvel, concentrada, imobilizada pela vontade, diz-se que assim se firma a cabeça, de forma similar à mão firme do cavaleiro que segura os arreios.

Sem firmeza interna, fruto de uma vontade firme, quaisquer ritos externos de firmar a cabeça são meros "remédios" sem efeito algum. Por isso, a educação do caráter e o autoconhecimento são os alicerces que mantêm o médium firme em seus propósitos e, consequentemente, com a sua atividade mediúnica.

Por que a progressão da cura é lenta e gradual quando acontecem as incisões energéticas no corpo astral?

Esse tipo de incisão, numa faixa de frequência mais alta, remove bloqueios que estavam vibrando no corpo astral decorrentes de registros no inconsciente profundo. Assim como o girino só perde a cauda quando está pronto para sair da poça de água, somente agimos quando de forma consciente o indivíduo se opõe ao hábito atávico que o enferma psicologicamente, buscando a sua mudança interior. É necessário um mínimo de autoconhecimento para perceber um hábito externo que precisa ser mudado interiormente. Esse processo é lento, naturalmente, para os que têm a expectativa de curas orgânicas fenomenais, periféricas e não duradouras. Agimos sempre em conformidade com a mínima percepção de si que o indivíduo auxiliado já alcançou.

Afinal, qual a função dos pontos cantados na Umbanda?

Sem dúvida, elevar o padrão mental dos envolvidos no ritual, uniformizar a frequência vibracional de cada um e ampliar a percepção dos sentidos extrafísicos necessários para que os guias espirituais atuem. Tudo é vibração, e as palavras entoadas em uníssono são potente ferramenta formadora da egrégora que sustenta os trabalhos na Umbanda.

Uma abordagem da mediunidade como preventiva de doenças leva a consciência a deslocar-se dos efeitos de seus sofrimentos para as causas profundas geradoras das desarmonias, para que se libertem das ilusões e das seguidas recorrências.

Mediunidade – uma abordagem preventiva de doenças

Em verdade, a energia vital está sempre desperta, viva, pujante. É o centro de luz irradiante, a mônada intocada, plena de consciência, eterna existência e união com Deus. É a morada do Espírito imortal dentro de cada ser humano. Quando não "flui" adequadamente, diz-se que está adormecida, por desalinho interno da criatura com o Criador, devido ao afastamento da sua potencialidade divina imanente. A relação entre pensamento, energia, vibração e matéria deve estar harmonizada para o fluxo energético da energia vital não se interromper parcialmente.

As doenças surgem da desarmonia interna, que produz sofrimento e infelicidade. Ao não fluir adequadamente a energia vital provinda do Espírito por meio dos corpos espirituais, do mais sutil ao mais denso, enfermidades do corpo, da mente e da alma se estabelecem.

A alma é assediada pela maior doença de todas, ou seja, a ignorância resultante da ilusão de o homem ter se esquecido da sua origem espiritual, cósmica e divina – permanente e imutável – e de se identificar com a sua condição humana corpórea – impermanente e perecível. A ignorância é a geradora das desarmonias que bloqueiam a potencialidade criativa e mantenedora da saúde provinda do Espírito, o núcleo propulsor do real propósito da alma, assim como a luz não existe sem o Sol. A mente que decreta para si, por ignorar a verdade, "eu sou o corpo físico", engendra o afastamento da luz irradiante que estrutura os veículos da consciência e "bloqueia" a expressão do correto pensar e agir do Espírito encarnado. É como dirigir à noite com o farol do carro apagado ou tentar atravessar o oceano com uma barcaça furada.

Em razão da *causa*, que é a ignorância da real constituição energética do ser, a *mente* fica suscetível a diversos *efeitos de retorno* por pensamentos e atos "que não sabem o que fazem", gerando os mais diversos distúrbios neuropsíquicos: medo da morte, preocupações com posses, melancolia existencial, nervosismo persistente, ruminação de ideias negativas, desistência encarnatória, pensamentos suicidas, revolta, ira, ganância, ânsia por reconhecimento e poder, tentações diversas para a satisfação dos desejos sensórios, egoísmo, ciúme e vaidade. O ego que domina a mente adquire tendências mórbidas com o avanço da idade do corpo físico ilusório, produzindo profundos desconfortos depressivos e agonias mentais, verdadeiros "infernos" pessoais.

Finalmente, a cadeia mais densa da desarmonia é atingida, e o corpo físico é alvejado por bactérias, vírus, toxinas e distúrbios orgânicos que desequilibram a homeostase, abalando a estabilidade da qual o organismo necessita para realizar suas funções mínimas adequadamente, contraindo assim as doenças.

Quando o Espírito não expressa seus poderes divinos por meio dos corpos mediadores da consciência que o envolvem, vigendo a ignorância do indivíduo em relação a sua própria e real posição constitucional cósmica, desconhecimento que o faz pensar e agir em "pecado" – afastado das Leis Divinas –, "automaticamente" o corpo mental e depois o físico, por ressonância, tornam-se reciprocamente eletivos e sujeitos às enfermidades psíquicas e orgânicas. A doença do "ignorar-se" produz no homem a falsa percepção mental de ser o corpo físico transitório. É necessário que cada indivíduo conheça, definitivamente, a relação causal entre alma, mente e corpo com Deus.

A estrutura atômica das células é controlada e "blindada" contra as perturbações psicológicas diversas quando existe a prática de uma espiritualidade madura. Assim como as leis de trânsito regulam o fluxo de veículos nas estradas, similarmente o pensamento, a energia, vibração e matéria devem estar harmonizados com a Consciência Cósmica, para o fluxo energético da energia vital do Espírito não se interromper parcialmente nas vias internas de comunicação entre os corpos espirituais – "estradas" que permitem a manifestação saudável da consciência individualizada no homem.

O método para curar a ignorância que afeta o ser humano, provocando maus hábitos e doenças físicas e psicológicas, exige discernimento intuitivo e judiciosa introspecção sobre as verdades espirituais. Isso é alcançado com a mudança de padrões mentais internos enrijecidos. Frequentar templos religiosos, centros espíritas e terreiros de Umbanda deveria demonstrar que a pessoa está interessada em se melhorar. Infelizmente, muitos não querem melhorar-se e almejam a mera "contratação" de um serviço espiritual terceirizado, para que façam pelo ente o que ele deveria fazer em si mesmo.

A abordagem terapêutica socorrista da mediunidade, tão consagrada na atualidade, oferece um conforto fugaz ao indivíduo, assim como dar um banho num sujeito preguiçoso e relaxado não o educará para adquirir o hábito da higiene diária. Ao atacarem-se os efeitos das enfermidades, na abordagem terapêutica mediúnica socorrista vigente, não são combatidas suas causas, que jazem dentro de cada criatura. Criou-se um círculo vicioso em que não se ensina as pessoas a meditarem, a realizarem o "mergulho em si mesmas" e a transformarem-se.

Entretanto, uma abordagem da mediunidade como preventiva de doenças leva a consciência a deslocar-se dos efeitos de seus sofrimentos para as causas profundas geradoras das desarmonias, para que se libertem das ilusões e das seguidas recorrências. Afinal, os templos, centros e terreiros estão lotados dos contumazes crentes, simpatizantes e consulentes, que raramente conseguem atingir a autocura e manterem-se equilibrados, sem recaírem com frequência. É preciso haver um autêntico compromisso de seguir e praticar os preceitos consagrados universalmente nas tradições antigas da Religião Eterna – *Sanatana Dharma* – que levem à autorrealização com Deus.

Jamais deveríamos nos satisfazer com crenças dogmáticas que garantem a salvação externa por médiuns, Espíritos, pastores, doutrinadores, "pais" ou "mães" de santo. Ao menos que você conheça pessoalmente Deus – o deus que habita dentro de você –, o véu da ilusão não se rasgará, e a sua realização será frágil. A ilusão é banida pela meditação cada vez mais profunda, até que se alcance o contato extático com as bem-aventuranças, serenidade e paz, atributos sempre renovados na conexão em Deus. Esse mergulho profundo no "si mesmo" é o reencontro com o foco irradiante de luz que mora dentro de cada um de nós, com o Espírito que nunca adoece, sempre saudável e livre das amarras ilusórias do ego e das armadilhas da mente identificada com o corpo físico.

As doenças recebem a força curativa do Espírito por meio da autoanálise, da introspecção, do autocontrole e autoconhecimento. Por intermédio da concentração, olhando-se e indagando-se, silenciando a agitação externa para se perceber adequadamente, fixando-se em pensamentos espiritualizados, adquiridos nos saberes universais que liberam o homem da prisão dos ciclos de renascimentos sucessivos, será possível, de maneira efetiva, erradicar as causas das doenças mentais e os corrosivos hábitos da mente.

É somente desenvolvendo perene interioridade (capacidade de perceber-se), com o hábito de momentos de introspecção, de meditação e oração, que se altera a "plasticidade da cognição": é necessário focalizar a atenção em passagens críticas e ensinamentos espirituais consagrados, representando a direção que a consciência deve se encaminhar para adquirir discernimento correto, para que os circuitos elétricos neuronais sejam reorientados e refeitos.

Salientamos que os hábitos atávicos somente podem ser vencidos quando os padrões de pensamentos são alterados, e assim as células cerebrais (neurônios) criam circuitos elétricos diferentes. O poder criativo no microcosmo humano é derivado do poder criativo macrocósmico de Deus. Portanto, ao reconfigurar o que está em baixo com a matriz divina que está em cima, a árvore da vida (a rede neuronal sináptica) se transforma, o discernimento ganha força, e as ações adquirem novos rumos. Não basta pensar e agir, é indispensável pensar e agir corretamente. Urge a educação espiritual das massas humanas.

No momento do passe fluídico e do aconselhamento, a força da vontade do guia espiritual do Oriente e a autossugestão induzida por palavras e decretos de afirmações positivas são úteis para destruir os hábitos mentais negativos. Pela imposição da vontade, o guia espiritual é capaz de concentrar energia nas configurações cerebrais etéreas e refazê-las. A pessoa a ser curada recebe um firme pensamento, condutor de energia positiva, procedente de uma vontade externa que tenta ajudá-la. Isso causa alívio imediato do transtorno que, no mais das vezes, embolorava o discernimento do indivíduo, mas se ele, após receber a Graça Divina dessa intercessão energética, não fixar dentro de si os valores ensinados, logo estará novamente desequilibrado.

A quebra desse círculo vicioso, de receber a cura e continuar "pecando", é pessoal e intransferível, dá-se somente com o desenvolvimento da maturidade emocional, com o senso de percepção apurado que se consegue apenas durante os momentos solitários de introspecção, de meditação e oração. Reiteramos que só assim se altera a plasticidade da cognição, por meio da reconfiguração da malha elétrica neuronal, da mudança de decretos no subconsciente, decretos estes que fazem aflorar os hábitos atávicos de vidas passadas. Desse modo, finalmente, o conhecedor (ser humano) muda o objeto do conhecimento, isto é, do material das coisas mundanas para o espiritual acolhido no seio de Deus.

Se não existe uma prática sistemática que objetive o mergulho em si mesmo, meditativa, a busca continuará sendo de fora para dentro e nunca será de dentro para fora, perene e definitiva. O homem que busca soluções externas é como o pescador que joga a linha com o anzol na areia. Os peixes graúdos nadam nas profundezas ocultas dos mares espirituais, e não na superficialidade terrena visível.

O conforto espiritual sempre é distribuído por entidades autorrealizadas em Deus. Os enviados divinos nunca se recusam a conceder uma benção. As alterações psicológicas mais maleáveis que têm por base psicológica as diversas perturbações nervosas e emocionais periféricas, as obsessões leves por maus hábitos e outras descompensações vibratórias, que requerem meramente o despertar do estímulo da força vital enfraquecida, continuarão sendo galhardamente oferecidas pelos agentes curativos de Deus. Todavia, é um trabalho de limpeza energética superficial, externo, onde se retira os cascões astrais grudados nas auras das humanas criaturas.

Somente Deus tem o poder ilimitado de cura. Até resolvermos abrir os portais internos por meio do impulsionamento da vontade pessoal, continuaremos "excluindo" Deus de nossas vidas. No entanto, se buscarmos as soluções de cura dentro de nós, permitindo que Deus se manifeste em nós pela compreensão e pelo discernimento, que nos levam às ações corretas, alcançaremos o seu poder cósmico infinito. É preciso conhecê-Lo e senti-Lo pela meditação diária.

Os passes, as bênçãos e beatitudes nos templos religiosos, centros espíritas e terreiros de Umbanda continuarão sendo distribuídos. As pessoas seguirão procurando esses locais nos momentos sombrios de infortúnios pessoais, para logo depois Deus ser esquecido. O Supremo Provedor perde importância durante os períodos de saúde orgânica e contentamento inebriante pelas posses efêmeras – o "ouro" que reluz da fortuna do mundo nos olhos ansiosos. Valorizam-se as conquistas terrenas, e o Espírito é derrotado pelo hipnotismo material.

Àqueles que não percebem a necessidade incondicional de Deus em suas vidas, tanto nos acontecimentos mais triviais quanto nos mais significativos, não só na doença e na dor, ou no esquife à beira do portão do cemitério, não é concedido alcançar a cura fundamental da causa de todos os males. Essa causa é a ignorância de suas próprias constituições energéticas e origens cósmicas, ou seja, a falta de conhecimento de que o ser é perene e imutável, é o Espírito em Deus e Deus no Espírito.

Pai Tomé responde

O fluxo de energia vital "flui" de onde e como se "obstrui" ou bloqueia?

Ao acabar o hidrogênio do núcleo do Sol, ele deixa de emitir luz pela ausência de combustão. O Espírito é como um estoque infindável de combustível e nunca deixará de emitir luz. Em pessoas ausentes de Deus, sem "combustão" interna que as movimente na busca espiritual, obstrui-se o fluxo energético do Espírito para os corpos espirituais. Observe que existem indivíduos que estão mortos para o Espírito, "apagados" para as questões transcendentais. O Espírito é vida, e vida radiante em seu núcleo imortal.

Como reativamos essa luz em nós?

A prece é o roteiro mais simples ao cidadão comum. Não requer conversão a uma religião especial e se refere à relação direta com Deus, de quem reza com e para Ele. Ao orar, se ativa um detonador psíquico que movimenta as energias superiores adormecidas na essência da alma imortal, assim como o interruptor dá passagem à corrente elétrica que acende a lâmpada. Sem dúvida, a capacidade de aproveitamento do homem durante o despertamento dessas forças sublimes pelo impulso catalisador da oração depende do seu grau espiritual, mas, acima de tudo, fundamentalmente, de suas intenções.

Deus não responde aos desejos de frutos pessoais que contrariem as leis que Ele legislou para a organização evolutiva do cosmo.

Aliás, a alma (*atma*), quando a prece é sincera e fervorosa, libera suas energias, melhora a frequência vibratória dos corpos espirituais, higieniza a mente expurgando os maus pensamentos e libera maior cota de luz interior.

A prática da mediunidade com os Orixás na Umbanda faz o homem se reencontrar com a sua origem divina?

O que faz o homem se reencontrar com a sua origem divina é a prática espiritual, seja ela qual for, associada a um constante esforço de melhoramento do seu caráter. Se falha o caráter, tudo falha, assim como um bisturi cego estragará a cirurgia e pode até matar o paciente, mesmo na mão de exímio cirurgião. O rito bem aplicado e vistoso é o cirurgião capaz, e o mau caráter é o bisturi cego. O médium é o paciente.

Obviamente que se estiver presente o caráter elevado nos praticantes da religiosidade com os Orixás, apura-se psicologicamente o modo de ser de todos os envolvidos pela ação ritual aplicada. A essência de cada Orixá quando desperta no ser é partícula de Deus atuante.

Deve-se considerar que conexão espiritual é atração de afins. O Orixá, por ser divino, só se "mostra" no psiquismo do filho quando este aperfeiçoa suas qualidades, e não seus defeitos; o amor, e não o ódio; o perdão, e não a ofensa; a caridade, e não o mercantilismo vil. Os rituais das religiões podem ser bonitos e vistosos, mas se falta o caráter, são como linda maçã envenenada.

A identificação com o corpo físico "bloqueia" o correto pensar e agir do Espírito encarnado. Devemos negar o corpo físico?

Negar o corpo físico é mortificar-se, uma falsa renúncia. Esse instrumento é necessário para o estágio na materialidade. A não identificação refere-se à consciência de não se ser o corpo físico, de ele ser transitório e impermanente.

O Espírito persegue o seu propósito de vida na presente encarnação, para tanto, necessita ancorar-se na personalidade transitória (ego) para expressar-se. A mente associada com o ego dá uma "carteira" de identificação ao encarnado nas formas e nos nomes da terceira dimensão. Observe que a água oxigena o peixe ao passar por suas guelras, mas a água não é o peixe. Semelhantemente, o Espírito "oxigena" os corpos espirituais para caminharem nos diversos mundos, mas não é nenhum desses corpos.

Claro está que a mente consorciada com o ego, se escravizada por ele, terá "bloqueado" o correto agir e pensar em conformidade ao seu real propósito de vida. *Esteja no mundo sem ser do mundo. Renuncie aos apelos impermanentes das glórias e dos gozos dos sentidos, mas não desista da ação.* Seja a água, e não o peixe nos mares da vida eterna.

Como é a prática de uma espiritualidade madura na Umbanda?

Fundamentalmente, sem os desejos dos frutos das ações. Ir ao terreiro para fazer a "caridade" na expectativa de receber algo em troca, como, por exemplo, bem-estar, descarrego do psiquismo nervoso, receber ajuda dos guias, ter facilidades na vida, saúde, emprego, casamento etc., é imantar-se cada vez mais com o ego que domina a mente, bem como sentenciar para si a necessidade de reencarnar.

A prática da espiritualidade madura do médium na Umbanda e de qualquer adepto religioso requer doar-se incondicionalmente no serviço mediúnico, assim como Deus se doa por meio do Sol, das estrelas, do ar, da terra e das águas que caem do alto e se ofertam diariamente à humanidade sem esperar nada em troca.

Afinal, o que é a Consciência Cósmica?

É a Mente Universal, a Consciência de Deus. É percebida somente pela vivência extática – êxtase – pessoal. O intelecto não a sente ou a compreende. As palavras faladas e descrições textuais a reduzem. Os limites teológicos das religiões terrenas baseados em crenças de nomes e formas, que excluem uns aos outros, impedem a percepção direta do adepto, da Sua unidade que a tudo permeia e vitaliza.

É a causa de toda a Criação cósmica, de todas as dimensões e latitudes siderais, manifestas ou imanifestas aos frágeis sentidos humanos.

Como "curar" os frequentadores dos terreiros de Umbanda da ignorância das coisas do Espírito se eles não vivenciam em si o êxtase da relação direta e pessoal com Deus?

O *formulismo mágico* e o *formalismo cerimonial* de parte da massa umbandista são os maiores obstáculos.

O *formulismo mágico* se caracteriza como solução para toda e qualquer queixa e sofrimento. Ele parte de rituais externos e direciona a mente dos frequentadores para um sistema de troca, para algo de fora do ser que deve se relacionar com potências que realizariam seus desejos e resolveriam seus problemas também de fora. Assim, não ensina a pescar (autoconhecimento). Na promessa de fornecer o peixe pronto a todos, escasseia os cardumes dos mares divinos, tantos são os inacabáveis pedidos de solução.

O *formalismo cerimonial* é o engessamento dos procedimentos nos rituais. Os que pretendem ser instrutores não são instruídos e aplicam as cerimônias por repetição, nada mais. Não sabem e ignoram os fundamentos do que estão fazendo. Por estarem "presos" nos cerimoniais externos, não interiorizam quase nada, assim como os papagaios repetem as palavras que escutam sem entendê-las.

Obviamente existem exceções, e os guias espirituais da Umbanda e da humanidade se esforçam para libertar os homens das algemas da ignorância espiritual e da total ausência de percepção de Deus. A Umbanda é ciência divina de autorrealização espiritual, infelizmente ainda incompreendida. Todo o avanço da consciência parte do melhoramento interno do indivíduo. Ocorre que a abordagem terapêutica socorrista vigente nos terreiros, a "correria" a cada engira e a total falta de "tempo" e vontade nas correntes mediúnicas para o estudo mantêm uma espécie de letargia ou mediunismo vicioso que não instrui ninguém nos dois lados da vida.

Enquanto não for implementada a prática mediúnica preventiva de doenças, que orienta e instrui sobre as causas reais dos sofrimentos, dentro de cada criatura, fazendo-a compreender que cabe somente a ela a resolução definitiva de seus tormentos, os frequentadores não buscarão Deus, pois continuarão desconhecendo o deus que "dorme" dentro deles.

O que podemos fazer, imediatamente, para pensarmos e agirmos corretamente?

Adquirir a vontade de encontrar Deus, assim como o afogado luta para respirar. O imediatismo dos homens não corresponde ao tempo cósmico que rege a expansão das consciências. Somente quando sentirem no íntimo que a vida material é um oceano de ilusão que afoga e "mata" o Espírito, o anseio real e intenso por Deus aflorará. Quando esse dia chegar, miríades de encarnações terão passado.

A comunicação mediúnica com os mestres astralizados exige, para haver receptor capaz aos seus ditados e às suas instruções de alto valor doutrinário, inevitavelmente, Espíritos preparados nos dois lados da vida, que tiveram longa e árdua formação em várias encarnações.

A desobsessão com Ogum do Oriente

Nos dias atuais, muitas pessoas são influenciadas por maus Espíritos. Não é incomum adentrarem os centros espíritas e terreiros de Umbanda exigindo que retirem o "encosto" que atrapalha suas vidas. Justificam que não conseguem nada a que se propõem, que as portas da abundância e prosperidade estão fechadas, pelo bloqueio nefasto da entidade "encostada" neles. Aparentemente, parece-lhes fácil espantar um mau Espírito, bastando ao Preto Velho dar umas cachimbadas e tudo se resolve.

Entretanto, embora reconheçamos que na atualidade existe uma epidemia de "encostos" nas criaturas invigilantes e despreparadas para a autodefesa energética e psíquica, que elas mesmas atraem com suas imaginações férteis preenchidas de superstições, poucos dos que chegam aos terreiros e alardeiam que estão influenciados pelos Espíritos estão de fato em processo de obsessão. Os que estão realmente em obsessão não sabem, e se não sabem obviamente não dizem. Os que afirmam, de regra, não estão em obsessão, e se afirmam, verdadeiramente não sabem.

Ocorre que muitos casos das ditas influências espirituais são auto-obsessões. A própria mente causa as ideias fixas de estar sendo perseguida por Espíritos imundos. Esses crentes são altamente sugestionáveis e, por vezes, caem nas malhas dos vendilhões dos templos, os espertalhões que comercializam limpezas e despachos espirituais.

Contudo, é certo que existem Espíritos presos à Terra, por causa de fortes impulsos e apegos materiais. Vagueiam de lá para cá para satisfazer suas necessidades de gratificação sensorial. Há ocasiões que essas "almas perdidas" sintonizam com os encarnados que vibram em mesma faixa de frequência mental. Geralmente, o primeiro encontro dá-se durante o sono físico.

É rotineiro, pelo desprendimento natural do corpo astral, o sujeito não espiritualizado – o senso comum vigente – satisfazer seus desejos reprimidos durante o estado de "acordado", de vigília. Ao projetar-se nas esferas astrais inferiores, atrai para si "compadres" que grudarão em suas auras. A partir desse primeiro encontro, dá-se o acoplamento áurico, ou seja, o desencarnado passa a morar, literalmente, com o encarnado, assim como os carrapatos "moram" nos cachorros de rua. Observemos que as portas do psiquismo estavam abertas para essa "invasão", similarmente a um carro que é deixado pelo dono à noite na praça com as portas abertas.

Assim como as minhocas vivem sob a terra, os peixes nas águas e os pássaros no ar, também existem "atmosferas" e regiões vibratórias no Plano Astral onde residem os desencarnados. Os peixes não vivem muito tempo fora da água, e os pássaros não voam submersos nos mares, de modo semelhante os Espíritos levianos e de baixo caráter permanecem próximos da crosta onde vivem os seres humanos encarnados, pois as coisas do mundo terreno são seu hábitat natural – suas mentes estão hipnotizadas pelos objetos dos sentidos corpóreos.

Os homens não são responsáveis por serem tentados para a satisfação dos seus desejos sensórios. Até mesmo Jesus foi "tentado", para dar exemplo aos seus seguidores, recolhendo-se por 40 dias no deserto. Todavia, todos são responsáveis por ceder às tentações, o que não foi o caso do Divino Mestre.

A subserviência ao gozo dos sentidos corpóreos leva à ação incorreta diante das Leis Divinas e faz o indivíduo sucumbir não apenas às suas tendências de maus hábitos e vícios, mas, sobremaneira, o coloca à mercê para ser subjugado por entidades astrais. O ser obsediado é o agente causador da obsessão. Os seus atos equivocados e o seu pensar ignorante imantam-no aos ardilosos desocupados do além-túmulo, tal qual o ímã atrai as limalhas de ferro e a carniça atiça a sanha esfomeada dos urubus.

Existe uma obsessão que é mais complexa. Acontece quando o médium tem ainda um caráter duvidoso e atrai ex-comparsa de vida passada, que toma completamente seu psiquismo e suas ideações mentais. Notadamente no campo do mediunismo magístico, velhos magos do passado, resistentes à lei de reencarnação, estão sempre ávidos para encontrarem um médium encarnado que lhes dê a oportunidade de tomarem as chaves da sua casa psíquica em mãos, dominando sua vontade pessoal e fazendo-os agir à sua vontade. Uma vontade impõe-se a outra.

Não são incomuns os "Zés pilintras" portentosos, "ciganos" encantadores, "Bombonjiras" rainhas e "Exus" que tudo desamarram se apropriarem da força motriz mental do dirigente e, a partir disso, se empoderarem no terreiro. Somente médiuns totalmente desapegados dos frutos das ações rituais estão imunes aos engambelos e às subjugações. Ao se identificarem reciprocamente com os desejos de reconhecimento e a aquisição de poderes magísticos, abrem as portas psíquicas para a influência dos antigos companheiros de outrora. Após essa conexão, os atos rituais são cada vez menos corretos e cresce exponencialmente o desejo dos frutos das ações no terreiro, prepondera vaidade, fama, mimos, facilidades materiais etc. Como vocês dizem, o terreiro vira várias bandas, não é mais uma banda, Umbanda. É como o rádio que altera a banda de frequência.

A desobsessão desse tipo de entidade, vinculada ao passado do médium, só é possível se ele elevar seu caráter. Em contrário, é perda de tempo. A entidade astralina dominante do mental do médium se recusa a sair da crosta e deixar de viver entre os vivos encarnados. Fica contrariada, pois não quer "largar" o seu reino, deixar de ser tratada e alimentada como príncipe ou princesa.

Impõe-se alta moralidade e índole psicológica afeita ao altruísmo aos médiuns umbandistas. Hoje, a exacerbação dos egos causa sérias obsessões espirituais. O falso conhecimento está plenamente democratizado e banaliza-se a educação do caráter, considerado de menos importância na magia praticada. Cada um elege para si aquilo que o atrai em afinidade, e as portas largas (facilidade para se adquirir poderes sobre os elementos) têm um poder de atração avassalador em médiuns deseducados. As portas estreitas (educação do caráter) não são atrativas.

A comunicação mediúnica com os mestres astralizados exige, para haver receptor capaz aos seus ditados e às suas instruções de alto valor doutrinário, inevitavelmente, Espíritos preparados nos dois lados da vida, que tiveram longa e árdua formação em várias encarnações. É preciso entender que um ritual nada mais é que um meio de organização terrena para disciplinar os atos invocatórios de acesso aos planos ocultos, ocorrendo as verdadeiras iniciações no templo interior de cada criatura. Isso, portanto, requer amor e ações práticas de auxílio ao próximo, sem interesses personalistas, desde épocas anteriores à atual encarnação. Ritual aplicado para exibicionismo é uma carta remetida para endereço das esferas inferiores do astral. Vive-se uma apoteose ritualística externa que se "acasala" com Espíritos falastrões que alimentam o ego dos médiuns.

A luz e a simplicidade da espiritualidade são alcançadas quanto mais simples e amorosos forem os médiuns. Hoje o contrário é tendência, tornar complexo o que é simples. Intelectos avantajados em conhecimentos magísticos, mas de pouca sabedoria espiritual e baixo caráter, se fixam em códigos definitivos, atribuindo ao poder da magia a resolução de todos os problemas da vida.

Entidades espirituais de baixa envergadura moral e grande magnetismo, que fascinam na demonstração de fenômenos físicos, são o que mais existem nas zonas inferiores do astral.

Relato de uma experiência mediúnica: o corpo astral do médium usado para atração do obsessor

Por intermédio da vontade fortalecida, sob o comando do Caboclo Ogum do Oriente, fui conscientemente desdobrado e colocado frente a frente a uma entidade que não queria sair da Terra. A imantação existente entre o meu corpo astral – de médium – e o corpo astral da entidade, um encarnado e o outro desencarnado, serviu como carruagem para encaminhar um provável ex-obsessor para o mundo astral – retirá-lo definitivamente do plano material. Ocorre que o corpo astral do encarnado é mais denso e tem um magnetismo de atração telúrica maior. A entidade não consegue se "soltar", tal é a força da imantação entre ambos.

O guia espiritual usou de modo "reverso" a forte ligação do obsessor com o obsediado: o médium desdobrado com a entidade acoplada em seu corpo astral foi conduzido a um tipo de estrada vibratória, um túnel energético com grande força de sucção, sob a égide da força mental do Caboclo Ogum do Oriente. A partir desse momento, soltou-se o corpo astral do médium, que retornou ao corpo físico. Por sua vez, a entidade foi definitivamente atraída e conduzida para uma esfera do Plano Astral, finalmente cessando sua influência na crosta.

Tudo começou quando estava meditando, o que faço diariamente. Após a leitura do *Bhagavad Gita*, escritura sagrada do hinduísmo, e de pequeno trecho do livro *Onde existe luz*, de Paramahansa Yogananda, um sábio e mestre iogue que me orienta com seus ensinamentos – ele trouxe a ciência da autorrealização da milenar *yoga* para o Ocidente –, fechei os olhos e refletia sobre os ensinamentos desse genuíno mestre espiritual. Repentinamente houve um *flash* de luz no meu chacra frontal e se abriu a terceira visão. Diante de mim, sentado, estava uma entidade cigana, de sexo masculino, cabelos crespos, barba baixa e bem aparada, pele cor de cuia bem bronzeada, camisa vermelha brilhante, que sorria suavemente.

Telepaticamente[7] conversamos. Disse-lhe da minha contrariedade de ele se apresentar naquele momento, que me era sagrado, um exercício individual de minha alma, respeitado pelos guias espirituais que me assistem. Todavia, como faço com todas as entidades "novas" que se apresentam, dei-lhe as boas-vindas, desde que se submetesse às normas, aos métodos rituais e às disciplinas consagradas no terreiro que dirijo. Confesso que não fiquei com uma boa impressão da entidade. Sua "invasão" em meu momento particular de meditação me incomodou. Ela podia ter se apresentado no trabalho mediúnico, pois há alguns dias tivemos uma sessão com louvação a Ogum do Oriente, Ciganos e demais falangeiros. Todavia, como sempre faço, fiz uma prece e não me preocupei mais com o corrido.

Nesse mesmo dia, à noite, durante o sono físico, vi-me retirado do corpo. Estava plenamente consciente, lúcido, sentado em uma cadeira, sem camisa, só de calças. De repente, a entidade cigana se acoplou em meu corpo astral, senti-a com força pela valência inequívoca de uma incorporação total fora do corpo físico, experiência inesquecível, comprovadora da continuidade da vida além dos limites corpóreos físicos, que já tive outras vezes. Ela ficou muito contrariada, dizia que não queria ir embora, que não fizessem isso com ela, que a deixassem ficar.

Ato contínuo, a cadeira que eu estava começou a se movimentar para frente e entrei numa espécie de túnel energético, como se fosse uma estrada. Lembrei-me do Senhor Ogum Sete Estradas, um mentor africano (nagô) que me assiste, e firmei o pensamento nele. Nesse instante, ouvi um leve estrondo, como uma corda que arrebenta ou um elástico que estala. Senti o cigano saindo do "meu corpo". Ele foi literalmente atraído por um potente campo de força. Em seguida, retornei e acordei no corpo físico.

Toda a experiência foi consciente e nítida. Entendi que a entidade cigana foi conduzida para o Plano Astral e não mais permaneceu

---

7 Telepatia: comunicação direta e a distância entre duas mentes, ou conhecimento, por alguém, dos processos mentais de outrem, além dos limites da percepção ordinária.

na Terra. Quais as ligações que eu tinha no passado remoto com essa entidade ou se ela era ligada a um dos médiuns da corrente e eu fui usado como "escora" para atraí-la não importavam. Como dirigente e zelador espiritual de um terreiro, só posso dizer que essas vivências não são incomuns. Fiz uma prece fervorosa aos guias que me assistem, por mais uma vez ter conseguido servi-los de alguma forma. A cada serventia, me "limpo" um pouco mais de meus pesados débitos cármicos do passado. *Umbanda é luz, é ciência de autorrealização.*

Pai Tomé responde

O que é um "encosto"?

Popularmente é uma entidade que acompanha um encarnado. É visto encostado na aura do ente. Atraído por similaridade vibratória com o "vivo" num corpo humano, encosta-se e habita conjuntamente com ele, tal qual o muçum vive longos períodos enterrado na lama. De um modo geral, vincula-se às sensações corpóreas, visto que não tem mais um corpo físico. Assim, quanto mais ligado aos prazeres efêmeros da carne e tanto mais busca o homem os gozos efêmeros, potencializando-os pelos vícios que entorpecem os sentidos, maior será a força que atrairá esses "encostos" que perambulam pela crosta planetária e, notadamente, se acumulam nos grandes centros urbanos.

Pedimos maiores esclarecimentos sobre o que é a auto-obsessão.

Velhos comportamentos atávicos, ou seja, vícios adormecidos no inconsciente que não foram superados em vidas passadas, encontram receptividade em situações da vida presente que disparam os gatilhos que os ativam novamente. Daí advém os automatismos psíquicos, os hábitos dominantes que surgem do nada, como que por encanto, fazendo-os despertos e aflorados por intermédio de pensamentos que dominam completamente a mente. Permanecem vibrando e fazem o sujeito agir como um fantoche, tornando-o obsessor de si mesmo. Na maioria dos casos, não há influência de uma entidade externa. O sujeito se auto-obsedia, como um gato que lambe o pelo até ficar machucado.

Por que Deus permite que esses Espíritos, ditos encostos, vagueiem na Terra?

Deus não permite, nem proíbe. Ele dá a todos a liberdade de construir seus pensamentos e sedimentar suas escolhas, seus gostos e desgostos, apegos e aversões, o que se intensifica no inconsciente profundo entre as reencarnações sucessivas, atando o sujeito das ações (pensar e agir) nas reações que ele mesmo é a causa geradora. Quanto mais gostos e apegos à vida material, mais "chumbado" fica o ego aos objetos dos sentidos que só podem oferecer sensação por intermédio de um corpo físico.

Essa "senzala" psíquica que amarra a alma ao ego é a mais tenebrosa prisão. É necessário o ego renascer, crescer, envelhecer e morrer novamente, tantas vezes quanto for necessário, até que se canse de si mesmo e "nasçam" nele os primeiros anseios de liberdade, isto é, o árduo e lento processo de amadurecimento espiritual e o desenvolvimento gradativo da consciência que conduz ao desapego e à equanimidade no pensar e no agir.

Por favor, explique-nos sobre Jesus, o Mestre dos mestres, ter sido tentado.

É elucidativo comentar quanto à "tentação" de Jesus, que fez com que se recolhesse por 40 dias no deserto. Enquanto Jesus vivia horizontalmente na Terra, disponível a todos que o procuravam, mantinha-se verticalizado com o Alto, em contato direto com Deus. Era seu dever como instrutor dar exemplos aos devotos, que viam nele um guru espiritual genuíno. Jesus educava sinalizando aos seres humanos comuns o que praticava. Eles, e não o Mestre, se encontravam presos às demandas das formas corporais que os coagiam a recordar a dependência da mente à satisfação dos sentidos.

Lembremo-nos que todos os enviados divinos "presos" a um corpo humano têm que ser professores de seres humanos, e não de anjos celestiais. Os esforços demonstrados pelo Mestre para manter a União com Deus durante sua estada terrena estabeleceram o "padrão" de comportamento para todos os adeptos. Em verdade, Jesus instruiu que somente quando entramos para as regiões desérticas e solitárias existentes internamente em cada ser humano poderemos vencer o "tentador" oculto que mora dentro, e não fora, ou seja, o ego. Este instiga e tenta as humanas criaturas com ideias sedutoras por meio da manutenção de velhos hábitos de fama, poder, vaidade, lascívia, inveja, ciúmes, entre muitos outros.

Sobre obsessão complexa, pode nos falar mais a respeito?

A obsessão complexa não é a que usa magia negativa, aparelhos etéricos parasitas, tecnologia extrafísica e outras parafernálias que deslumbram os espiritualistas modernos. Essas são relativamente fáceis, e qualquer Exu de Lei, de fato e de direito da Umbanda, resolve -as facilmente quando lhe é permitido agir em conformidade com o merecimento dos envolvidos.

A obsessão mais complexa e difícil acontece na constelação familiar. Velhos e grandiosos egos reencarnados obrigados a se suportarem pelos laços de consanguinidade. Ferrenhos inimigos do passado carreiam para os relacionamentos parentais seus antigos ódios, aversões e desavenças. Somam-se a eles os desafetos desencarnados que os localizam e os acompanham, antigos comparsas, agora inimigos cruéis. Tem-se assim o adubo fértil para um jardim venenoso, de difícil poda pelos abnegados benfeitores espirituais. Um querendo controlar o outro, impor, subjugar e desmerecer – fazem da família o "inferno" na Terra.[8]

---

8 Basta nos informarmos e verificamos que diariamente ocorrem assassinatos, torturas e outras sérias violências nos seios das famílias.

Essas obsessões, complexas e demoradas, perpetuam-se pela eternidade, como novelo emaranhado. Para desatá-las, nem "santo forte". A intercessão divina, na primeira hora da transição planetária, neste início de Terceiro Milênio, vem fazendo os envolvidos reencarnarem em orbes inferiores.

Pode nos elucidar melhor sobre a "mecânica" de apropriação da mente e do psiquismo do médium pelo obsessor?

Por similaridade de pensamentos, o domínio do obsessor, velho comparsa do passado, vai aumentando até que se apropria completamente da mente do obsidiado. As sinapses cerebrais do encarnado ficam "acasaladas" com a mente do agente externo desencarnado, assim como a sombra se acomoda no objeto quando ambos se aproximam. O psiquismo e as ideações mentais do encarnado são "tomados" completamente. A partir de então, como ventríloquo adestrado, o indivíduo não é mais dono de si mesmo e se transforma numa estação repetidora de uma vontade externa. Duas ondas de mesma frequência ocupam o mesmo espaço, a mesma casa mental.

Qual o motivo central para tantos desmandos e abusos ao ser humano ainda verificados em casas que se dizem de "Umbanda"?

O desejo dos médiuns pelos frutos da ação mediúnica, assim como inexistente renúncia, não autoentrega a Deus, busca de poder, domínio e reconhecimento, são instrumentos centrais das sombras. Dessa forma, estabelece-se simbiose mediúnica de dificílima solução, advindo os abusos à dignidade da vida humana, a mercantilização do sagrado e a degradação do sacerdócio umbandista.

Todavia, a Providência Divina nunca se ausenta. Com a predominância da mediunidade consciente, paulatinamente, irá se lapidando o egoico mediunismo. Ao mesmo tempo, a morte orgânica ceifa esses egos da carne e os coloca frente a frente à contabilidade sideral. Naturalmente, há uma conexão entre as muitas moradas do Pai e nunca cessa as transmigrações espirituais – deslocamentos de egos desencarnados de um planeta para outro. Maciçamente, enormes contingentes estão sendo conduzidos para orbes mais atrasados que a Terra.

No silêncio, Deus está sempre presente em sua Criação. Em sua ininterrupta ação retificadora, ordenadora e organizadora cósmica, por meio de sua expansão como Orixá Exu, cada criatura é posta e vive onde deve estar, assim como os grãos de areia se acomodam sob o impacto das ondas do mar.

Por favor, nos fale mais sobre o "reino" que as entidades obsessoras criam na Terra.

Observe que existem Espíritos que são tratados como reis, rainhas, príncipes e princesas. Adoram festas e banquetes, roupas brilhantes, bebidas, elogios e sensualidade. Mimam seus médiuns e atendem suas vontades de satisfação dos mais ocultos desejos, desde que estes sejam submissos e serviçais. Devido à cega subserviência e adoração, afinal se colocam como "divindades", conseguem farta quantidade de tônus vital – ectoplasma –, necessário para plasmarem pequenas "bolhas", ou esferas vibratórias, tornando-se provisoriamente imunes à lei de reencarnação. Imantam-se na contraparte etérica desses terreiros e criam verdadeiras cidadelas ou "reinos".

Ocorre que a impermanência que a tudo permeia no Plano Astral e material terreno fará com que seus médiuns envelheçam e pereçam, deixando de lhes fornecer as refeições sacrificiais. Por vezes, o efeito de retorno do magnetismo telúrico, que impõe a reencarnação para o perispírito denso não se degradar, é imediato. Como bananas amassadas por pisadas de elefantes, podem sofrer um processo de ovoidização, em que seu perispírito perde a sua forma humana. Ficarão nesse estado de petrificação consciencial, no mínimo, pelo mesmo tempo que conseguiram burlar a imperiosa reencarnação.

Literalmente, transformam-se em pedras duras e áridas nos vales dos umbrais inferiores. Somente com a intercessão superior à Misericordiosa Divina serão autorizadas suas imediatas reencarnações sumárias, no mais das vezes em penosas condições, que darão a eles o choque fluídico adequado para que seus corpos astrais – perispíritos – não se degradem. Não é incomum que essas encarnações se efetivem em planetas inferiores e primários, onde a necessidade de caça é o meio de sobrevivência.

Por que os trabalhos de magia devem ser renovados de tempo em tempo?

A impermanência é lei da natureza manifestada no plano vibratório onde a Terra se localiza e na qual a humanidade estagia provisoriamente. Ar, terra, fogo e água se transformam todo o tempo e precisam de constante renovação. Os Orixás, senhores regentes dos elementos, agem ciclicamente mantendo a ordenação da coesão atômica planetária, ao menos enquanto os homens não destruírem os pontos de forças da natureza e daí o planeta.

É grande ilusão procurar a magia externa, impermanente, diante da imperiosa necessidade de fazer-se a alquimia interior, permanente. Somente a modificação da consciência é intocável no tempo e no espaço que habita a coletividade espiritual terrena.

O despertamento após a morte física

Como dissemos anteriormente, a alma é assediada pela maior doença de todas, ou seja, a ignorância resultante da ilusão de o homem ter se esquecido da sua origem espiritual, cósmica e divina – permanente e imutável – e de se identificar com a sua condição humana corpórea – impermanente e perecível. O ser que desencarna ignorando a sua real constituição energética tem a mente perturbada pelo medo do seu corpo perecer e assim ele deixar de existir. Isso gera um profundo desconforto cognitivo e psíquico, com sérias agonias mentais no além-túmulo. Vive em verdadeiros "infernos" pessoais, chamados de esferas aprisionantes, durante os períodos intermissivos da consciência, como falamos em capítulo anterior sobre o tema. Relembrando, isso ocorre entre uma encarnação e outra.[9]

O sujeito não desenvolveu uma interioridade madura e não adquiriu o discernimento correto, logo, não reorientou os circuitos elétricos cerebrais. Obviamente mantém padrões de ideações mentais equivocados diante da realidade que se descortina após a morte

---

[9] Sobre o que acontece com os egos presos em seus "infernos" pessoais durante o período que antecede a próxima reencarnação, vide a obra *No reino de Exu: a retificação do destino*, pelo selo Legião Publicações.

física. O poder criativo no microcosmo humano é derivado do poder criativo macrocósmico de Deus. Assim, em decorrência de uma configuração inadequada, o que está em baixo está em desacordo com a matriz divina que está em cima, isto é, a árvore da vida (a rede neuronal sináptica) não se transformou na vida física e permanece a mesma no cérebro extrafísico do perispírito ou corpo astral. O indivíduo desencarna com muito medo, e sua força mental ganha potência que o encarcera em uma concha astral ilusória. É necessário pensar e agir corretamente na Terra para continuar pensando e agindo corretamente sem o corpo físico.

Os Espíritos do Oriente na Umbanda são entidades que têm o firme propósito de cura, agindo em delicadas cirurgias astrais e nos corpos sutis dos consulentes encarnados e desencarnados estiolados pelos sofrimentos, após a sepultura. Assumem roupagens fluídicas relacionadas com encarnações no antigo Oriente: persas, chineses, hindus, egípcios, gregos, etíopes etc. Realizam ainda valiosa colaboração em situações que envolvem fortes cristalizações mentais de ocorrências pretéritas prazerosas, notadamente nos recém-desencarnados. Existem situações marcantes no inconsciente dos atendidos que, no além-sepultura, afluem no psiquismo periférico ou consciente, causando mal-estar, disposições mórbidas e toda a sorte de somatizações deletérias, podendo aprisioná-los em vivências do passado. Não por acaso, as regiões do umbral inferior são semelhantes com cidades medievais e até pré-históricas.

Imagine a memória do Espírito imortal como uma extensa exposição de quadros que representam várias existências pretéritas. Esses guias e mentores entram nessa galeria e vão até o quadro exposto em que está registrado o acontecimento fatídico desequilibrante. Permanece intocável a moldura e o número de quadros em exposição, mas em um, especificamente, trocam a tela em questão, alterando o cenário desventurado e doentio para um venturoso e saudável. Não é "pintada" uma nova experiência sem ela ter sido vivenciada. Quando há merecimento, vão até uma situação outrora vivida, visto que a memória é única num contínuo tempo, e a registram na galeria exposta, para "ecoar" na vida presente do assistido, aliviando-o dos tormentos desequilibrantes do passado.

A memória é única no contínuo tempo da individualidade espiritual imortal. "Apagar" estímulos de memória não significa destruir o quadro rememorativo da vivência pretérita, que continuará integrado à memória perene – "lembranças" registradas no inconsciente profundo –, somente não haverá rememoração na atual vida do encarnado, cessando as ressonâncias desequilibrantes.

É dessa maneira que as sábias entidades do Oriente auxiliam os recém-desencarnados para que não caiam em sérios desequilíbrios mentais. Obviamente, essa ação se concretiza sempre que há um mínimo de merecimento. Infelizmente, a maioria dos recém-mortos que acordam fora do corpo físico não alcança essa cota reduzida de merecimento, uma vez que suas vidas foram preenchidas de desejos carnais os mais diversos.

Afirmamos que a maioria das entidades que atuam no agrupamento do Oriente também se apresenta como Caboclos e Pretos Velhos nas demais atividades dos terreiros, pois essas formas de apresentação estão universalizadas no mediunismo umbandista e impregnadas no imaginário popular. Por esse motivo, o Plano Espiritual se utiliza positivamente delas.

Relato de um médium sobre o trabalho com recém-mortos

Tive oportunidade de trabalhar no atendimento a desencarnados recém-mortos. Em desdobramento, fora do corpo físico, em perfeita "incorporação" com Pai Tomé, ou Caboclo Supremo da Montanha (são o mesmo guia espiritual), vi-me mostrando para uma entidade os traumas de seu passado remoto que a faziam cair num comportamento atávico no Plano Astral inferior, como se estivesse vivendo numa outra era. O inusitado da situação foi que muitas entidades não aceitavam se "desprender" da memória remota e optaram em continuar em suas conchas astrais. Nesses casos, nada era feito, pois o livre-arbítrio exercitado pode anular o merecimento de auxílio do Alto, sendo a criatura livre para escolher e recusar ajuda.

É um triste enredo verificar que os apegos aos sentidos continuam cegando o discernimento espiritual. No umbral inferior tem tudo e muito mais de gozo e prazeres que há na Terra, inclusive algumas entidades até desdenham e dizem que, por serem imortais, querem viver com prazer. Esse apego aos desejos sensórios impactará em futuras encarnações mais difíceis e sofridas. Infelizmente, para uma parcela significativa de consciências, o caminho do despertamento ainda é pela dor, colheita dos efeitos ao qual elas mesmas são as causas geradoras por suas semeaduras – escolhas – equivocadas.

Pai Tomé responde

Pedimos que nos descreva algumas das agonias mentais do recém-desencarnado?

Raros são os recém-desencarnados que não sofrem intensas agonias mentais. Os cenários são os mais diversos. Todavia, prepondera a fixação da mente na satisfação dos sentidos físicos, notadamente comum no homem brutalizado que buscava desenfreadamente as sensações corpóreas quando estava "vivo". O morto novo sem a possibilidade de possuir os objetos que permitem os sentidos físicos gozarem, pois não está mais animando um corpo físico, dispara o detonador psíquico interno de atrozes tormentos da alma, esta dominada pelo ego escravizado pela mente, que, por sua vez, é um fantoche hipnotizado pelos sentidos, similarmente à cobra encantada com a flauta mágica.

Quanto mais "corpóreo" foi o cidadão na Terra, tanto mais sofrível será a sua adaptação fora do corpo físico. Os glutões, sexólatras e beberrões imantam-se na crosta como carrapatos em cachorro de rua. Como cegos perturbados, procuram saciar suas ânsias "grudados" nas pessoas que vibram na mesma faixa mental de interesses sensórios, no mais das vezes seus próprios familiares em seus ambientes domésticos.

Quais as consequências desse tipo de obsessão indireta?

A ressonância vibratória do desencarnado sobre o encarnado, continuamente emitindo seus fluidos aflitos para o familiar, desestrutura suas emoções. Se a influenciação persistir, estabelece-se o desequilíbrio da homeostase orgânica, campo propício para todo tipo de doenças oportunistas. As defesas naturais do corpo físico se enfraquecem, e a mente obnubila-se, dando passagem a processos esquizoides, de estranhamento, alheamento, perda de identidade, apatia, agressividade, depressão, ansiedade etc., não necessariamente todos os sintomas num único ente, tendo em vista a variedade de carismas humanos.

Como é formada a concha astral ilusória?

Os cenários astralinos são altamente moldáveis pela ação da força mental. O pensamento facilmente movimenta as "moléculas" astrais, de modo semelhante ao leve sopro que cria as bolhas da espuma de sabão. A instabilidade mental do recém-desencarnado, que faz aflorar em suas lembranças situações vividas no passado, formam potente influxo magnético no éter e nas moléculas astralinas correspondentes aos elementos ar, terra, fogo e água. Condensa-se uma espécie de concha que materializa a imaginação, um espelho refletor da mente que aprisiona o emissor das divagações mentais. A mente divina cria o cosmo, e cada indivíduo o seu "céu" ou "inferno" pessoal, pois todos os Espíritos são potencialmente cocriadores.

É certa a afirmação de que renascemos para aprender a pensarmos corretamente?

Haverá renascimento tantas vezes quanto for necessário para aprender sobre qual é a ação correta ou o reto agir diante das leis universais que organizam a vida e a evolução da consciência no cosmo. Os pensamentos antecedem todas as ações e provêm da mente. O adestramento das mentes e o disciplinamento do que elas ilusoriamente se identificam são os propósitos coletivo da humanidade encarnada. A religião, enquanto ciência metafísica de libertação do homem, está completamente ignorada, uma total desconhecida. Os processos religiosos institucionalizados, ao não propiciarem a união com Deus aos seus adeptos, não ensinam a pescar.

O pequeno urso aprende a pescar com a mãe. Em contrário, não sobreviverá ao período de hibernação invernal. Ocorre que os homens, em sua maioria, estão hibernados no sono letárgico da total ignorância de quem realmente são. Enquanto não "acordarem", mortos estarão para a verdadeira vida do Espírito imortal. Os despertos são os que aprenderam a pescar a Graça Divina, libertando suas mentes da prisão corpórea. Na atualidade, exíguos são os mestres de si mesmos e raríssimos são os que alcançam a consciência de agir para os outros, para serem pescadores de almas.

É possível exemplificar-nos uma situação em que o indivíduo fica preso em uma situação "feliz" do passado logo após "morrer"?

O sujeito foi bem-sucedido na vida materialista, competiu acirradamente e conquistou sucesso e reconhecimento, um garanhão vencedor de corridas. Feliz com suas "posses" e realizado com seus amores, viaja constantemente entre suas casas e fazendas em diversos países. Ao desencarnar "fora do tempo", na opinião dos familiares, tão jovem, antes dos 55 anos, por fulminante derrame cerebral, sua mente perispiritual continuará imantada às "felicidades" terrenas. Esse enredo é comum e acontece diariamente. As mortes súbitas "arrancam" milhares de egos de suas vestes carnais a cada novo nascer do Sol.

A identificação mental com os objetos dos sentidos – as coisas do mundo – faz a percepção psíquica fundir-se com a coisa percebida, tornando-se uma só e vigente no método cognitivo de criação dos pensamentos, fazendo o ser confundir-se com o não ser, aquilo que acha que é, mas não é de fato; o corpo físico e os seus sentidos vinculados aos bens do mundo não são o estado real e permanente da consciência e do Espírito.

Fora do corpo físico, o corpo astral se localiza onde a mente se fixa, seja do encarnado ou do desencarnado, pois todos "morrem" diariamente ao dormirem.

O habitante do Além, chumbado nas suas posses terrenas, similarmente ao carrapicho grudado em pelo de cachorro, continuará entre os vivos como se "vivo" estivesse na carne. Todavia, a existência material segue o seu fluxo natural de impermanência. Novas situações entre os afetos e desafetos "vivos", sociedades, paixões e uniões surgirão, como mato no jardim malcuidado, detonando grave perturbação mental no sujeito e até sérias obsessões espirituais com os vivos, ex-afetos e desafetos, sócios e familiares.

Isso quer dizer que não são só os traumas do passado que nos fazem sofrer, mas também situações "felizes" que vibram no inconsciente?

Quando a "felicidade" se confunde com fugazes momentos de alegria terrena pela posse temporária de objetos, que dão satisfação aos sentidos percebidos pela mente, ignora-se a plenitude e bem-aventurança da consciência autoidentificada com o Espírito. Inevitavelmente, o sofrimento se instalará, pois o "possuído" envolve possuir algo impermanente, isto é, objetos e pessoas. Condicionar a felicidade a manter o outro sob domínio da sua vontade e junto de si será doloroso para a alma após ela ultrapassar o portal da morte. Em verdade, ninguém possui coisa alguma. A única posse real é a consciência refletida pelo discernimento do Espírito. Esta quando conquistada não se perde. Mesmo os corpos ditos sutis são impermanentes. Dia chegará em que a consciência estará fundida com o Espírito. A luz será o estado permanente e imutável do corpo espiritual, que nunca se apaga, em contraste aos vaga-lumes da Terra, titubeantes na dualidade entre luz e sombras.

Como acontece a incorporação fora do corpo físico?

Queime dois incensos de aromas diferentes, um do lado do outro. A fumaça e o cheiro de ambos se misturarão e não se conseguirá distinguir um do outro. Há uma penetração mútua, de forma similar ao guia espiritual próximo ao seu médium: pelo "fogo" do magnetismo da entidade astral, potente influxo vibratório, "desacopla-se" o corpo astral do médium do encaixe físico-etérico. Há uma penetração recíproca de auras, assim como as fumaças dos dois incensos se fazem uma única fumaça, ou o açúcar que se dilui na água a torna doce. O estado de desdobramento natural durante o sono é o mais propiciatório à completa "incorporação" fora do corpo físico. Em estado de vigília, haverá gradação para mais ou para menos acoplamento perispiritual entre guia e médium. Tecnicamente, para ser harmônico, por não ser um processo simples, requer longo condicionamento entre ambos, em várias encarnações.

Encarnados também ficam presos no passado remoto?

Sim, e assim como o lixo atrai moscas, infelizmente é viciação mental bastante comum. Observe quantos moradores de rua têm porte de "gente fina". Eles continuam a pensar como reis e rainhas, nobres e senhores feudais, ilustres personagens vividos no passado e nas sociedades de outrora. Outros bem-sucedidos nos negócios que continuam generais conquistadores, messiânicos e imperiais. Existem ainda os sedutores insaciáveis, como se estivessem em seus haréns no deserto... Tal é a diversidade de egos presos no passado remoto que é possível comprovar que o tempo é uma grande ilusão. Existe somente o eterno agora, onde se localiza a mente primária, sempre presente sob a influência escravizadora de suas experiências passadas, senzalas cognitivas instaladas no inconsciente profundo que ainda não foram liberadas do modo de ser atual em estado de vigília.

Esclareça-nos, por favor, sobre a fase da mediunidade supraconsciente.

Os estados mentais do homem, similarmente ao fogo que esquenta o ar e faz o balão subir, tendem ir às alturas da percepção extrafísica. As sucessivas encarnações são como achas de lenha colocadas na fogueira imposta aos corpos físicos em uma vida material: frágeis, transitórias e impermanentes. O atrito da consciência com o ego "esquenta" o duelo entre o infinito e o finito, o Espírito imortal e a mortalidade corpórea.

O deslocamento da percepção mental para além das muralhas físicas é o balão que sobe para dentro do ser, para as alturas do permanente estado mental de autorrealização, que é a essência do Espírito reverberando no ser. O ar quente de cada expiração do homem encerra na Terra uma combustão que transforma, paulatinamente, a consciência rumo à religação com Deus.

Inevitavelmente, a mediunidade consciente da era atual dará passagem à mediunidade supraconsciente no início do Terceiro Milênio. A expansão da consciência, que extravasa os estreitos limites dos sentidos ordinários, rompe a barreira da ignorância de quem realmente os homens são – assim como o condutor de um balão enxerga panoramicamente além do limite dos muros do castelo que o aprisionava.

O castelo do ego encarcera o ser nos desejos de ter bens e possuir a satisfação de seus sentidos. Promete e dá riquezas, mas constrói barreiras à plenitude da visão espiritual. Os "olhos" hipnotizados nas coisas do mundo são fuligem no candeeiro do Espírito. Disse Jesus: "a candeia do corpo são os olhos, de sorte que, se os teus olhos forem bons, todo o teu corpo terá luz; se, porém, os teus olhos forem maus, o teu corpo será tenebroso".

O mediunismo umbandista "sofrerá" profundo impacto. A Umbanda pelo seu universalismo, que lhe dá flexibilidade, fará com que de fato se perceba a unidade na diversidade: a luz de um só Deus que contrasta entre sombras e trevas da existência terrena. O Supremo tem muitos nomes e formas simbólicas. Todavia, a luz que ilumina esse diversificado mosaico é uma só. As religiões se expressaram na Terra de acordo com os ciclos de tempo necessários à compreensão das massas humanas, em locais diferentes da geografia planetária.

A primeira fase da Umbanda exaltou as manifestações espontâneas inconscientes, fenomenais, de muitas curas físicas. Chamou a atenção com trombetas, escudos e espadas de Ogum, abrindo caminhos e ceifando a incredulidade vigente.

A segunda fase da Umbanda foi de expansão, com médiuns manifestando Caboclo e pai velho aqui e acolá, neste imenso Brasil, nos mais variados rincões, cozinhas e garagens. Não foi unicamente o Caboclo das Sete Encruzilhadas desde o seu início, e sim uma plêiade de preparadas entidades que desceram à Terra – uma parte encarnando antes e depois do advento do Caboclo para serem médiuns receptores da outra parte que ficou no Astral, ou seja, os guias que solidificariam a nascente Luz Divina entre os homens, como sementes jogadas no campo fértil pela mão do semeador cósmico.

A terceira fase da Umbanda, ainda vigente e no seu final, deu prevalência à mediunidade consciente. O transe e os estados alterados e superiores de consciência são vivenciados com parcial ou plena recordação ao final. Milhares de jovens médiuns conscientes batem às portas dos terreiros pedindo abrigo, reforçam e renovam a religião. Assim como as ondas desconstroem os castelos de areia à beira-mar, diluem-se tabus limitantes de uma falsa mediunidade inconsciente, individualmente raríssima e episódica na presente data, sem continuidade de expressão coletiva.

A luz e o calor do Sol abrasam as poças de água e as fazem evaporarem após a chuva. Similarmente, em breve e de modo avassalador, não haverá mais nenhum médium encarnado com "resíduos" psíquicos de mediunidade inconsciente nos transes. Urge reavaliarem-se posturas equivocadas, reverem-se a falta de veracidade, liberarem-se de falsos dogmas e de tabus limitantes ainda vigentes no movimento umbandista que bloqueiam a educação da mediunidade neste início de Terceiro Milênio. Essa educação tem por finalidade precípua formar cidadãos maduros e potencialmente espiritualizados e nunca deveria ter tido a intenção de conceder "dons" e poderes magísticos para eleitos.

Umbanda é ciência divina de autorrealização espiritual para liberar os seus adeptos e simpatizantes das garras afiadas da paralisante ignorância de si mesmos.

Reestruturaremos os métodos de educação mediúnica na Umbanda. A magia e o poder sobre os elementos serão secundários e dispensáveis, pois são impermanentes. O poder do Espírito reflete a sua luz na consciência e a expande. Os egos diminuirão, e o verdadeiro e real significado da Luz Divina será vitorioso. Essa é a vontade do Pai e de santos e mestres autorrealizados de todas as tradições ao longo das eras cósmicas, e todos os orbes a implantam. Especialmente neste momento, visa à evolução da humanidade.

Que a Estrela Polar os guie com as bênçãos das Santas Almas do Cruzeiro Divino.

Pai Tomé.

Refletiu a Luz Divina
Com todo seu esplendor
Vem do reino de Oxalá
Onde há paz e amor
Luz que refletiu na terra
Luz que refletiu no mar
Luz que veio de Aruanda
Para nos iluminar

Umbanda é paz e amor
Um mundo cheio de luz
É a força que nos dá vida
E a grandeza nos conduz

Avante, filhos de fé
Como a nossa lei não há
Levando ao mundo inteiro
A bandeira de Oxalá

Levando ao mundo inteiro
A bandeira de Oxalá

***

Pai Tomé finalizou este livro com esta última mensagem, psicografada em 9 de setembro de 2019, no Grupo de Umbanda Triângulo da Fraternidade, Porto Alegre-RS.

Leia também...

Elucidações de Umbanda
978-85-5527-089-5
204 págs. | 16 x 23 cm

Jardim dos Orixás
978-85-5527-105-2
200 págs. | 16 x 23 cm

Umbanda pé no chão
Estudos de Umbanda
978-85-5527-100-7
208 págs. | 16 x 23 cm

Os Orixás e os ciclos da vida
978-85-5527-037-6
184 págs. | 16 x 23 cm

No Reino de Exu
A retificação do destino
978-85-5527-091-8
160 págs. | 16 x 23 cm

Exu - O poder
organizador do caos
978-85-5527-023-9
168 págs. | 16 x 23 cm

Iniciando na Umbanda
978-85-5527-046-8
144 págs. | 16 x 23 cm

Cartilha do Médium umbandista
978-85-5527-048-2
168 págs. | 16 x 23 cm

A Umbanda é de todos
978-85-5527-052-9
152 págs. | 16 x 23 cm

O magnetismo na casa umbandista
978-85-5527-062-8
176 págs. | 16 x 23 cm

O transe ritual na Umbanda
978-85-5527-098-7
152 págs. | 16 x 23 cm

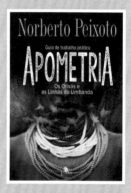
Apometria - Os Orixás e as
Linhas de Umbanda
978-85-5527-022-2
168 págs. | 16 x 23 cm

As flores de Obaluaê
978-85-5527-065-9
172 págs. | 16 x 23 cm

Encantos de Umbanda
978-85-5527-027-7
168 págs. | 16 x 23 cm

Veja outros exemplares no site
www.legiaopublicacoes.com.br

IMPRESSÃO:

PALLOTTI
GRÁFICA

Santa Maria - RS | Fone: (55) 3220.4500
www.graficapallotti.com.br